उड़ान

साहित्य को समर्पित अन्तर्राष्ट्रीय त्रैमासिक पत्रिका

वेब वर्जन कहीं भी पढ़ें-

www.udaanhindi.com

अपनी रचनाएं या सुझाव भेजें -

editor4udaan@gmail.com

प्रबंधन एवं प्रकाशन–

Website : www.prachidigital.in

Title	:	**Udaan**
Editor-in-Chief	:	**Rajeev Kumar Jha**
Edition	:	**2nd**
Published on	:	**July 2023**
ISBN	:	**9789395391030**

Published by

Regd. Address : 254, Khuriyakhatta No. 10, Bindukhatta,
Lalkuan, Nainital - 262402, Uttarakhand, India
Web : www.prachidigital.in, Ph : +91 9760417980

Printed by :

Techshresta Solutions Pvt. Ltd., Bengaluru - 560025, Karnataka

प्रकाशन हेतु रचना भेजने के नियम

1. रचनाएं केवल यूनिकोड या मंगल फोंट में ही स्वीकार की जायेगी। अन्य फोंट में प्राप्त होने वाली रचनाओं पर विचार नहीं किया जायेगा।

2. रचना में मात्राओं एवं टंकण की अशुद्धियाँ यथासंभव नहीं होनी चाहिए। अशुद्धियाँ पाये जाने पर रचनाओं को 'उड़ान' में शामिल नहीं किया जाएगा। अंतिम निर्णय संपादक मंडल द्वारा लिया जाएगा, संपादक मंडल के निर्णय रचनाकार के लिए भी मान्य रहेगा।

3. एक अंक हेतु एक रचनाकार अधिकतम तीन रचनाएं ही प्रेषित कर सकते हैं। 'उड़ान' में प्रकाशन हेतु रचनाकार हिंदी साहित्य की किसी भी विधा में अपनी रचनाएं प्रेषित कर सकते हैं। रचनाएं पद्य या गद्य किसी भी विधा में भेजी जा सकती है एवं रचनाकार दोनों विधाओं में भी प्रेषित कर सकते हैं।

4. रचना के स्वीकृत या अस्वीकृत होने की सूचना किसी भी रचनाकार को ई-मेल द्वारा सूचित कर पाना हमारे लिए असंभव है, इसलिए नये अंक का अवलोकन कर अपनी रचना की स्थिति का पता लगा सकते हैं।

5. रचना प्रकाशन के लिए लेखक से न ही कोई शुल्क लिया जाएगा और न ही दिया जाएगा। 'उड़ान' हिंदी साहित्य के सम्वर्धन एवं साहित्यकारों को एक मंच उपलब्ध कराने का छोटा सा प्रयास है। 'उड़ान' की प्रति शुल्क देकर प्राप्त की जा सकती है।

6. रचना में विवादित सामग्री अथवा किसी भी धर्म, सम्प्रदाय, जाति एवं धार्मिक-सामाजिक सम्बन्धी शब्दों का प्रयोग न करें और यदि ऐसी रचना प्रकाशित हो जाती है तो सम्पूर्ण जवाबदेही संबंधित लेखक/रचनाकार की स्वयं की ही होगी, न कि सम्पादक व प्रकाशक की।

7. किसी भी विधा की रचनाएं **editor4udaan@gmail.com** पर प्रेषित कर सकते हैं। रचनाकार अधिकतम तीन रचनाएं ही प्रेषित कर सकते हैं।

-संपादक

हिन्दी है हम वतन है...

14 सितंबर 1949 को जब हिन्दी को राज भाषा का दर्ज़ा मिला तब से आज लगभग 50 से अधिक वर्ष बीत चुके हैं। तब की हिन्दी आज सबकी हिन्दी बन चुकी है। भारत की छोड़िए! अमेरिका से लेकर इंग्लैंड तक, रूस से लेकर फ्रांस तक हिन्दी ने अनेक देशों से अपार मोहब्बत पायी है। दुनिया के लगभग 150 देशों में हिन्दी का अस्तित्व है। अमेरिका के 45 विश्वविद्यालयों सहित विश्व के लगभग 176 विश्वविद्यालयों में हिन्दी पढ़ाई जाती है। हिन्दी दुनिया की उन चुनिन्दा भाषाओं में है जिनमें जो लिखा जाता है वहीं बोला जाता है। शोध बताते हैं कि वर्ष 2050 तक हिन्दी दुनिया की सबसे शक्तिशाली भाषाओं में एक हो जाएगी। इसका कारण यह है कि हिन्दी अब बाज़ार और अर्थव्यवस्था की भाषा भी बनने लगी है। हिन्दी की मांग का अंदाजा आप इसी से लगा सकते हैं कि पिछले आठ वर्षों में इसके बोलने वालों की संख्या में लगभग 50 फ़ीसदी की बढ़ोतरी हुई है।

हिन्दी की असीमित भूमि को सिंचित करने और उर्वर बनाने में साहित्यिक पत्र पत्रिकाओं का स्थान सबसे पहले है। यह हिन्दी का सामर्थ्य ही है कि 1819 ई. में प्रकाशित बंगाली दर्पण पत्रिका के कुछ अंश हिन्दी में भी प्रकाशित हुआ करते थे। हालांकि हिन्दी के प्रथम समाचार पत्र होने का गौरव "उदन्त मार्तण्ड" को प्राप्त है। यह साप्ताहिक समाचार पत्र 30 मई 1826 को कोलकाता से प्रकाशित होनी शुरू हुई थी। इसका प्रकाशन जुगल किशोर शुक्ल नें किया था। हिन्दी की खड़ी बोली और ब्रजभाषा मिश्रित रह यह समाचार पत्र प्रत्येक

मंगलवार को प्रकाशित होता था।

आजादी के पूर्व हिन्दी भाषा के प्रचार प्रसार में अनगिनत पत्र पत्रिकाओं, उनके प्रकाशक एवं संपादकों ने निःस्वार्थ भाव से अपनी पूरी ताकत झोंकी।

बीसवीं सदी के उतरार्ध में और इक्कीसवीं सदी आते आते पत्र पत्रिकाओं के कई वर्ग हो गए। डिजिटल युग के दौर में आज जब मीडिया और पत्र पत्रिकाओं का मुख्य उद्देश्य अर्थोपार्जन हो गया है तब साहित्यिक पत्र पत्रिकाएँ इस भीड़ में जैसे अकेली हो गईं हैं। हिन्दी की साहित्यिक पत्रिकाओं का भी एक स्वर्णिम इतिहास रहा है। इन पत्रिकाओं नें जनमानस को हिन्दी बोलने लिखने के लिए मानसिक रूप से तैयार किया।

1949 से लेकर 1993 तक टाइम्स ऑफ इंडिया समूह द्वारा मुंबई से प्रकाशित साप्ताहिक पत्रिका धर्मयुग को भला कौन भूल सकता है। अपने समय में इस पत्रिका नें हिन्दी भाषी या हिन्दी से लगाव रखने वालों को हिन्दी से जोड़े रखने में महत्वपूर्ण भूमिका निभाई। आज के अनगिनत लेखक, पत्रकार प्रारम्भ में कहीं न कहीं इस से जुड़े रहे हैं।

मुंशी प्रेम चंद की पत्रिका हंस का इंतजार लाखों साहित्य प्रेमियों को रहता था। बाद में प्रेमचंद के निधन के बाद 31 जुलाई 1986 को प्रख्यात साहित्यकार राजेन्द्र यादव ने इसका प्रकाशन पुनः प्रारम्भ किया था। हंस आज भी हिन्दी भाषियों की पसंद है।

सुप्रसिद्ध आलोचक नामवर सिंह के कुशल सम्पादन में राजकमल प्रकाशन समूह द्वारा प्रकाशित त्रैमासिक पत्रिका 'आलोचना' नें हिन्दी साहित्य में आलोचना की विधा को जीवित रखा।

इनके अतिरिक्त नई दिल्ली के ज्ञानपीठ द्वारा प्रकाशित पत्रिका नया ज्ञानोदय, 2008 से प्रकाशित मासिक पत्रिका पाखी, दैनिक भास्कर समूह

द्वारा प्रकाशित साहित्यिक पत्रिका आहा! जिंदगी, द्विमासिक पत्रिका परिकथा आदि ऐसे कई साहित्यिक पत्रिकाओं नें हिन्दी भाषा और हिन्दी क्षेत्र को उर्वर करने का कार्य बखूबी किया।

इक़बाल साहब ने ऐसे ही नहीं कहा था- 'हिन्दी है हम वतन है हिन्दोस्ता हमारा.....'

इस कड़ी में 'प्राची डिजिटल पब्लिकेशन' के प्रकाशक महोदय ने साहित्यिक पत्रिका 'उड़ान' के लिए जो साहस और जोखिम भरा क़दम उठाया है वह सराहनीय है। हिन्दी साहित्य को ऐसे प्रकाशकों और उनकी पूरी टीम को प्रोत्साहित किया जाना चाहिए।

हिन्दी को जन-जन तक पहुंचाने में 'उड़ान' की निर्बाध उड़ान अति आवश्यक है। इसके लिए सम्पादन मंडली, पत्रिका में शामिल सभी रचनाकार प्रयासरत हैं। सभी निःस्वार्थ भाव से 'उड़ान' को गति देना चाहते हैं।

कुछेक अंकों तक प्रूफ़ रीडिंग की समस्या हो सकती है, इस से इंकार नहीं किया जा सकता। इसके लिए पाठकों से क्षमा याचना! लेकिन शीघ्र ही इसे दूर कर दिया जाएगा। 'उड़ान' जब आप तक पहुंचे तब आप उसे अपना प्यार दें ताकि हम उसे और बेहतरीन कर सकें।

"उड़ान" का यह अंक अब आपके हवाले।

सादर

राजीव कुमार झा
(प्रधान संपादक)

इस अंक में...

साड़ी संक्रांति की!
नागेश सू. शेवाळकर

इस अंक में...

नागेश सू. शेवाळकर

नागेश सू. शेवाळकर मराठी भाषा लेखक है। उपन्यास, कहानी संग्रह, चरित्र आदि सहित आपकी तीस से अधिक किताबें प्रकाशित हैं। आप हिंदी भाषा में कहानियां लिखते हैं। दो साझा कहानी संग्रहों में आप की हिंदी कहानियां प्रकाशित है। आप निवृत्त प्रधानाध्यापक हैं।

साड़ी संक्रांति की!

उस दिन मैं बैठक में बैठकर अख़बार पढ़ रहा था। तभी मैंने एक प्यार भरी किंतु ऊंची आवाज सुनी।

"ऐ जी, सुनते हो..." अगर मेरे बगल में कोई बैठा होता तो शायद वह आवाज उसके कान को नुकसान पहुंचाती। लेकिन सालों से, मैं और मेरे कान इस आवाज सुनने के आदि हो गए थे।

"क्या आप अखबार पढ़ रह हो?" रसोई से बाहर आकर बीवी ने कोमल और रसीले स्वर में पूछा। मैंने तुरंत पहचान लिया कि इस तरह के प्रेमपूर्ण संवाद का शुरू होना कोई खास मतलब, विशेष उद्देश्य है।

"अखबार बाजू रखकर जरा इसे भी तो

पढ़ो ना..." उसने धीमी और मधभरे आवाज़ में कहते हुए अपने ब्लाउज के अंदर छिपा हुआ एक कागज़ का टुकड़ा निकालकर मुझे सौंप दिया। मैंने उस कागज पर एक नज़र डाली। संक्रांत आनेवाली थी। इस वजह से वह एक विज्ञापन था।

"अरे! आपको यह कहाँ से मिला?" मैंने आश्चर्य से पूछा। क्योंकि विज्ञापन के युग में दैनिक समाचार पत्र के साथ ऐसे दस-पांच पत्रक हमेशा आते थे। अख़बार आते ही सबसे पहले मैं विज्ञापन के सभी पत्रक देखता हूं और उसे बाजू रख देता हूँ। अपनी पत्नी तक ऐसे पर्चे नहीं पहुंचने देता।

"यह पर्चा अपने घर अख़बार के साथ कैसे नहीं आया? मैं अभी जोशी बाई के पास यह देखने गयी थी कि वह कौन सी सब्जी बना रही है? तभी जोशी भैय्या ने मुझे यह दिया और धीरे स्वर में कहा, 'भाभी जी, यह पत्रक आप के लिए है। घर जाकर इसे पढ़ो। हमारी बीबी को मत दिखाओ..." यह सूनकर मैं गुस्से से जल उठा। मैंने मन ही मन कहा,

"अच्छा! जोशी, तुमने ऐसा खेल खेला है क्या? अब मेरी चाल भी देखो। तेरी पत्नी को ऐसा पाठ पढ़ाउंगा की वह तुम से सोने का किमती गहना लेकर ही मानेगी। ऐसा नहीं हुआ तो मैं मेरा नाम बदल कर रख दूंगा। '

"अजी, क्या सोच रहे हो? क्या आपने इसे नहीं पढ़ा?"

‘‘यह पर्चा अपने घर अखबार के साथ कैसे नहीं आया? मैं अभी जोशी बाई के पास यह देखने गयी थी कि वह कौन सी सब्जी बना रही है? तभी जोशी भैय्या ने मुझे यह दिया और धीरे स्वर में कहा, ‘भाभी जी, यह पत्रक

"हाँ। हाँ। पढ़ा नही। अभी पढ़ता हूं। " कहते हुए मैंने पत्रक पढ़ना शुरू किया। उस में लिखा था...

'आज कल हमारे शहर में दो पहिया वाहन पर पीछे बैठे व्यक्ति को भी हेलमेट पहनना जरूरी है। वैसी सख्ती भी है और

साथ ही दंडनीय भी है।

हर महिला वह चाहें गरीब हो या धनवान हो वह साड़ी पसंद करने की शौकीन होती है। साथ ही महिलाओं को मैचिंग करना बहुत पसंद होता है। वे हाथ और पैर की अंगुलियों की पॉलिश, चप्पल, चूड़ियां, टिकली, लिपस्टिक, बालों के लिए बो ऐसी सारी चीजे साड़ियों के साथ मैच करना चाहती हैं। महिलाओं के मैचिंग के प्यार को ध्यान में रखते हुए हमने हर साड़ी के साथ एक मैचिंग हेलमेट मुफ्त देने की व्यवस्था की है। '

"कितना बढ़िया ऑफर है, साड़ी के साथ हेलमेट फ्री! और यह प्लान सिर्फ आज के

लिए है। संक्रांति आ गई है। साड़ी खरीदनी है, तो आज ही चलते हैं। नहीं तो मैं ही अकेली जाती हूं। साड़ी खरीदने के लिए कहते ही आप को जैसे ठंड बजती है। मुझे देर लग सकती है। एक काम कीजिए ना गैस पर चावल पकाने को रखीए ना, प्लीज। और साड़ी खरीदने के लिए पैसे दे रहे हो ना?"

"पैसे साड़ी के लिए ना, देता हूं ना। आजकल हम इन दिनों इतना पैसा घर में कहां रखते हैं? एटीएम..." मुझे बोलते हुए पत्नी ने रोक कर कहा,

"एटीएम से क्यों निकालते हैं? वहाँ हमेशा ही पैसों का सूखा होता है। मैं आप का एटीएम कार्ड लेकर जाती हूं..." कहते हुए उसने मेरी पैंट से कार्ड निकालते देखकर मैंने कहा,

"ओह...ए जी... ओ जी..."

"डरो मत। बहुत महंगी साड़ी नहीं खरीदनी है। यह कोई पांच या सात हजार..."

"क्या सात हजार?" मैंने हडबडाते हुए पूछा।

"नहीं जी। मैं इतनी महंगी कैसे खरीद सकती हूँ? पाँच या छह सौ रुपये की लेती

हूं। अलमारी में साड़ी रखने के लिए जगह कहाँ है? अलमारी खोली तो अंदर रखी हुई साड़ियां धडाम से नीचे गिर जाती है। मैचिंग हेलमेट मिल रहा है, इसलिए खरीद रही हूं।

यह पर्चा अपने घर अखबार के साथ कैसे नहीं आया? मैं अभी जोशी बाई के पास यह देखने गयी थी कि वह कौन सी सब्जी बना रही है? तभी जोशी भैय्या ने मुझे यह दिया और धीरे स्वर में कहा, 'भाभी जी, यह पत्रक...

नही तो इस साल संक्रांति को साड़ी लेनी ही नही थी। " जैसे ही वह तैयार होकर जाने लगी मैंने पूछा,

"जोशीबाई को साथ लेकर नहीं जा रही हो क्या?"

"नहीं। उन्हों ने कुछ नहीं कहा। मैने भी उन से कुछ नहीं कहा।"

"ऐसे कैसे हो सकता है? तुम दोनों निकट की दोस्त हो। क्या उन्हें बिना बताए तुम साड़ी खरीदने गयी तो भाभी को गुस्सा नहीं आएगा? क्या उन्हें बुरा नहीं लगेगा?"

"ओह! सच में। अच्छा किया आपने, मुझे उनकी याद दिला दी। साड़ी और हेलमेट खरीदने की ख़ुशी में मैं जोशी बाई को भूल ही गयी थी। उन्हें भी साथ लेकर जाती हूं। " कहते हुए हमारी श्रीमती जी जोशी के घर जाते हुए देखकर मैं ख़ुशी के मारे बुदबुदाया,

"क्या कहते हो, जोशी जी? हम किसी का उधार नहीं रखते..."

संक्रांति! आखिरकार उस ने मेरी तरफ वक्रदृष्टी से देखा! वैसे देखें तो महिलाओं के लिए संक्रांति की साड़ी कुछ ख़ास मायने रखती हैं! नए साल का पहला त्यौहार है संक्रांति! जो महिलाएं संक्रांति की खरीदारी करना पसंद करती हैं वे 2 या 3 जनवरी से खरीदारी करने के लिए निकलती हैं। साड़ी की दुकान में महिलाएं किसी भी अन्य दुकान से ज़ादा समय देती है। साड़ी की दुकान में साड़ी दिखा रहें आदमी ने सामने साड़ियों का ढेर लगा भी दिया तो महिलाओं का ध्यान

अलमारी में रखी साड़ियों पर ही रहता है। अलमारी में कोई दूसरी साड़ी दिखेगी तो महिला कहेगी,

'वह साड़ी दिखाओ ना। वह नहीं। वह... नहीं, वह नहीं...। उसके बगल में वह लाल रंग की जो साड़ी है...' इतना कह कर भी नौकर का ध्यान उस ओर नहीं गया, तो महिला ख़ुद उठती है और अलमारी से अपनी मन चाही साड़ी निकालती है। दूसरी महिलाओं की ईर्ष्या भरी निगाहें उस साड़ी पर जाती हैं। उस साड़ी को देखकर एक महिला यहां तक कह देती है, 'अरे भैय्या ऐसी ही साड़ी दिखाओ तो..."

साड़ी पसंद के कार्यक्रम में जहां दुकानों में की महिलाओं की भीड़ हो जाती हैं, वहीं उनके पति रोते हुए बच्चों के साथ दुकान के बाहर खड़े हो जाते हैं। कोई पति रोते हुए बच्चे के साथ दुकान में आता है और कहता है,

"हो गया क्या? अभी भी साड़ी पसंद आयी नहीं क्या? जरा जल्दी होने दो..."पति के बोल पूरे सूने बिना तोप की तरह गरजते हुए पत्नी कहती है,

"रुको जी। आप क्या जानो, मैं संक्रांति साड़ी खरीदना चाहती हूं। पिछले साल मुझसे मानो गलती हुई और आप को साड़ी लाने भेज दिया। आप ऐसी साड़ी लेकर

> साड़ी पसंद के कार्यक्रम में जहां दुकानों में की महिलाओं की भीड़ हो जाती हैं, वहीं उनके पति रोते हुए बच्चों के साथ दुकान के बाहर खड़े हो जाते हैं। कोई पति रोते हुए बच्चे के साथ दुकान में आता है और कहता है

आए मानो सोलहवें सदी की मैं औरत हूं। कभी नही लेकिन उस दिन मोरे बाई को मुंह खोलने की जैसे दावत मिली..."

"बहेन जी, साड़ी देख रही हो ना?" ऊबा हुआ आदमी पूछता है।

"साड़ी ही खरीदने आई हूं ना?" वह नौकर से नाराज होकर उसे डाँटती है। ऐसे अनुभव

सभी के लिए आम हैं, खासकर मध्यम वर्ग के लिए। पत्नी उस दिन हमारा एटीएम कार्ड लेकर साड़ी खरीदने के लिए निकल पड़ी थी। इसलिए मैं परेशान, उदास था। लेकिन एक बात की खुशी थी की वह श्रीमती जोशी को अपने साथ ले गई थीं...

> सीटी होने के बाद कुकर तो शांत हो गया लेकिन नयना का गुस्सा थम नही रहा था। नयना यह भी नहीं बता रही थी की नितिन से क्या गलती हुई थी। नहाने के बाद नितिन ने जल्दी से सारी जेबों को टटोल कर देखा...

कई दिनों से, मैं एक कहानी के विषयपर सोच रहा था। कुछ लिखने का मन हो रहा था। लेकिन जब आप मूड में नहीं होते हैं तो आप कों शब्द याद आते ही नहीं। मैं उस विषय के बारे में सोचते हुए बैठ... शब्दों की याचना करते हुए... थोड़ा समय बीत गया। जब मैं सोच मे मग्न था, तो कोई आकर मेरे बगल में धडाम से बैठ गया और मैं सी-सॉ की तरह मैं उछल पड़ा। वास्तव में आते ही मैंने बाजू देखा, मेरा मोटा दोस्त नितिन मेरे बगल में परेशान, नाराज़ चेहरे के साथ बैठा था।

"कौन नितिन? अरे भाई मैं कितना डर गया।"

"चुप रहो। भाभी, पानी लाओ। और अच्छी सी चाय बनाओ।"

"अरे भाई, तुम्हारी भाभी बाज़ार गई है, संक्रांति का बाजार करने।" मैंने कहा।

"क्या संक्रांति का बाजार?" नितिन ने जैसे चिल्लाते हुए पूछा।

"हाँ। लेकिन तुम इस तरह क्यों चिल्ला रहे हो? मैंने पूछा।

"अरे, तुम कितने भाग्यशाली हो भाई?"

"नित्या, मेरी पत्नी मेरा एटीएम लेकर साड़ी खरीदने गयी है और तुम मुझे भाग्यशाली कहते हो?"

"हाँ। भाभी खुद अकेले बाज़ार गयी है, यह क्या कम है? नहीं तो हम... संक्रांति के

बाज़ार से अच्छा होता किसी ने मुझे बम दे मारा होता।"

"क्यों? संक्रांति के अवसर पर, भाभी ने बहुत लूट लिया गया लगता है। चप्पलहार, बनारसी..."

"तुम्हें चप्पल हार याद आ रहा है? मेरे गाल पर लगे चप्पल जैसे निशान नहीं दिख रहें? बनारसी कहते हो? अरे, मैं संन्यासी बनकर काशी जाने की सोच रहा हूं।"

"तुम जैसे लोगों ने काशी जाना ही चाहिए..."मैंने उसे फिर से चिढ़ाते ही वो चिल्लाया,

"बता रहा हूँ, अब बहुत हो गया..."उसे गुस्से से बात करते हुए देखा तो मैंने चुपचाप पूछा,

"क्या हुआ? बताओ तो क्या बात है?" मैंने उसे एक गिलास पानी दिया। पानी पीकर नितिन शांत हो गया और अतित में खो गया...

उस दिन सुबह नितिन घर में हो रहें बर्तनों की आवाज सुनकर जाग गया। जैसे तैसे उसने अपने दाँत साफ कर लिए और खुद से सवाल पूछा की हर सुबह घर में खुशनुमा माहौल में रहता है लेकिन आज इस तरह क्यों सुबह हुई? उसी समय नयना उस की पत्नी चाय की प्याली मेज पर जोरों से पटककर बिना कोई बात करके चली गई। चाय खत्म करने के बाद नितिन किसी तरह नहाया। रसोई से कुकर की सीटी सुनाई दी। नयना गुस्से में थी। सीटी होने के बाद कुकर तो शांत हो गया लेकिन नयना का गुस्सा थम नही रहा था। नयना यह भी नहीं बता रही थी की नितिन से क्या गलती हुई थी। नहाने के बाद नितिन ने जल्दी से सारी जेबों को टटोल

कर देखा, यह सोच कर की क्या कार्यालय में किसी सहकर्मी ने जान बूझकर किसी महिला का रूमाल उस की जेब में रखा नहीं है? लेकिन ऐसा कुछ नहीं था। आखिरकार नितिन रसोई में गया। यह जानने के लिए की नयना क्यों गुस्से में है? रसोई में नयना रोटीयां सेंक रही थी। आँखों से आंसू बह रहें थे। आँखे लाल भी हुई थी। घोड़े की तरह फुरफुर करता नाक कह रहा था की कुछ गड़बड़ है। नितिन ने नयना के पास जाकर बड़े लाड और प्यार से पूछा,

"क्या हुआ नयना डार्लिंग? वाह! सब्जियों की कितनी अच्छी महक आ रही है! क्या डाला है सब्जियों में?"

"मैने अपना सर डाला है! आप का वेतन हुए चार दिन हो गए हैं। मैं पाँच - छह दिन से इंतजार कर रही हूं की आप आज पूछोगे, कल पुछोगे, लेकिन आप है की..."

"लेकिन क्या हुआ? क्या मायके जाना चाहती हो?"

"उपर ऐसी बात करते हो? आज कौन सी तारीख है?"

"आज़... आज़...13 जनवरी! बाप रे, बाप!

संक्रांति कल है? हे भगवान! मैं तो भूल ही गया।"

"मेरी किस्मत!अब तो याद आया। नहीं तो मैं कब्रिस्तान चली जाती और..." नयना को रोककर नितिन ने गिडगिडाते हुए कहा,

"ऐसा मत कहो। अभी तुरंत छुट्टी की अर्जी भेजता हूं और एक अच्छी साड़ी लाता हूं। वह भी मेरी पसंद की!"

"कुछ नहीं चाहिए मुझे। न साड़ी न और कुछ। " नयना ने फुसफुसाते हुए कहा।

लेकिन नयना को घर छोडकर नितिन अकेला ही कुछ ही देर में बाजार पहुंचा। घर से निकलते समय उसने सोचा, दस बज गए हैं। इसलिए दुकानों में भीड़ नहीं होगी। लेकिन उस की सोच पूरी तरह से गलत थी।

> "नहीं, बाबा, नहीं। नयना समझ जाएगी कि मैंने जानबूझ के पिकोफॉल नहीं किया। घुमते घुमते मै यहाँ आ पहुंचा। तेरे घर के सामने पिकोफॉल का फलक लटक रहा था। वहाँ पहुंचा लेकिन वह महिला भी तैयार नही...

दुकान में महिलाएं और बाहर बच्चों की देखभाल कर रहे पति दिख रहे थे! नितिन को किसी भी दुकान में कोई पूछ भी नही रहा था। कई दुकानों के सामने 'पति-पुरुषों का प्रवेश वर्जित है!' ऐसे फलक लटक रहे थे। वह अंत में एक दुकान में घुस गया। उस दुकान में भी काफी भीड़ थी। किसी के पास उसकी ओर देखने का भी समय नहीं था। थोडी देर इंतजार करने के बाद नितिन ने कहा,

"भैया जी, मुझे साड़ी चाहिए थी।"

"रुको। देखो, हम खाली बैठे हैं क्या?" नौकर ने सारी झुंझलाहट नितिन पर निकाल दी। थोड़ी देर बाद एक और नौकर को उस पर दया आई और उसने नितिन के सामने आठ-दस साड़ियाँ फेंक दीं। नितिन ने क्या देख रहा हूं और क्या नहीं ऐसी स्थिति में एक साड़ी उठाई। वह साड़ी की कीमत चूकाने के लिए काउंटर पर गया। साड़ी की कीमत सुनकर वह चौंक गया। दुकान से बाहर आकर उसने घड़ी की ओर देखा, दोपहर के करीब दो बजे थे। सुबह दस बजे घर से निकले नितिन ने एक कप चाय के अलावा कुछ नहीं लिया था। नितिन जल्दी में बड़े उत्साह के साथ घर पहुंचा। नयना बिस्तर पर लेटी हुई फुसफुसा रही थी। वह समझ गई थी कि नितिन साड़ी लेने के बजाए कार्यालय गया है। नितिन शयनकक्ष में पहुंचा और खुशी से बोला,

"नैना डार्लिंग, उठो। देखो। मैं साड़ी लाया हूं... दो हजार की है!..." यह सुनकर नयना सब कुछ भूलकर बिस्तर से कूद गई। उसने नितिन के हाथ से बैग छीन लिया और अंदर की साड़ी निकालकर उसे चारों ओर घुमाते हुए चिल्लाई,

"यह दो हजार की साड़ी है? आप को कुछ समझता हैं? यह रंग तो देखो, कितना भड़क है? इस पर इस डिज़ाइन को देखें, यह कैसा दिखता हैए जैसे पोले की दिन बैलों को जो कपडा पहनाते है ना वैसी यह साड़ी है। बगलवाली मालिनी की साड़ी देखें, केवल तीन सौ की है और मोनाली की पांच सौ की साड़ी इस से लाख गुना बेहतर है। मुझे खुश करने के लिए कोई भी साड़ी ले..."

"लेकिन, यह महंगी है। रसीद तो देखें..."

"रसीद को गड्ढे में डाल दो। कुछ भी उठाकर लाए हो। चलो मुझे दिखाओ कि तुमने किस दुकान से साड़ी खरीदी है?"कहते हुए नयना ने किसी तरह दूसरी साड़ी पहन ली और दोनों निकल गए...

अगले तीन घंटे तक नितिन नयना के पीछे ऐसे चल रहा था मानो कर्फ्यू में हो। आखिर नयना को एक साड़ी पसंद आई और नितिन ने राहत की साँस ली। दुकान से बाहर आने के बाद नितिन को साड़ी देते हुए नयना ने कहा,

"साड़ी को पिको और फॉल कर के लाओ। मैं घर जाकर तुम्हारी मनपसंद प्याज

की भजी बनाती हूँ...” अपनी कहानी सुना रहे नितिन को रोककर मैनें पूछा,

“पिकोफॉल हुआ क्या?”

“सुनो तो... मैनें बहुत सारी दुकानों के चक्कर लगाये। लेकिन वहाँ भी भयानक भीड़ है। कोई भी आज तो क्या अगले दो दिन भी पिकोफॉल करने के लिए तैयार नहीं है। ढूंढते... ढूंढते मैं यहां आया।”

“अरे, साड़ी तो खरीद ली। पिकोफॉल तो आगे भी कर सकते हो...”

“नहीं, बाबा, नहीं। नयना समझ जाएगी कि मैंने जानबूझ के पिकोफॉल नहीं किया। घुमते घुमते मै यहाँ आ पहुंचा। तेरे घर के सामने पिकोफॉल का फलक लटक रहा था। वहाँ पहुंचा लेकिन वह महिला भी तैयार नही थी। आखिरकार मैंने उसके पैर पकड़ लिए। फिर जाकर वह तैयार हुई। वह भी डबल पैसे लेकर...। जब नितिन बता रहा था तभी मेरी पत्नी का आगमन हुआ। हम दोनों उसे देखते रहे। उसने कई रंगीन चित्रों के साथ एक रंगीन हेलमेट पहना था। हेलमेट का आवरण चेहरे पर आने से चेहरा आधा दिखाई दे रहा था। आंखों पर एक नया

चश्मा था। अंदर आते ही उसने नितिन की ओर देखा और पूछा,

“कैसे हो नितिन भैया? नयना की संक्रांति खरीदी हो गयी?” नितिन को बोलने का मौका दिए बिना, उसने बैग से नई लाई हुई साड़ी निकाली, मेरी तरफ देखा और पूछा,

“साड़ी कैसी है? साढ़े तीन हजार की है।”

“क्या? साढ़े तीन हजार?”

“अरे, रुको। सुनो। ऐसे कुछ नहीं। उस दुकान में महिलाओं की बहुत भीड़ थी। आजकल कुछ फ्री का ऐलान होते ही बड़ी

भीड़ उमड़ पड़ती हैं। मैने एक दुकानदार से कहा,

"भैया, मुझे पाँच या सात सौ रुपये की एक अच्छी साड़ी दिखाओ। " उसने मेरी तरफ ऐसे देखा जैसे साड़ी नही भीख मांग रही हूं। उसने कहा भी,

"एक मिनट रुको। आप से पहले बड़े बड़े ग्राहक आए है। उनसे निपटने दे। क्या बहेनजी, संक्रांति की साड़ी ले रही हो और इतनी सस्ती? सिर्फ पांच सौ में! लेकिन एक बात बताता हूं, पांच सौ की साड़ीपर हेलमेट फ्री नहीं है। आप के साहब के इज्जत का सवाल है। " मैं उसके बातों से बहुत शर्मिंदा हुई। मुझे बहुत गुस्सा आया और मैने यह साड़ी खरीद ली। इस साड़ीपर यह हेलमेट और यह गॉगल फ्री मिल गया। आप साड़ी तो देखो..." कहती हुई मेरी ओर साड़ी देते देते वह आगे बोली,

"प्लीज! एक काम कीजिए ना। यह रसीद, यह साड़ी लेकर दुकान पर जाओ। वहाँ ऐसी ही डिजाइन की हल्की गुलाबी साड़ी है। उसे ले आओ ना। नौकर ठिक ढंग से दिखाते भी नहीं और देखने भी नहीं देते। और हां,

उस दुकान के बगल में एक पिकोफॉल की दुकान है। वहां से पिकोफॉल करके लाओ ना। उठो ना, प्लीज जाओ ना..." पत्नी कह रही थी की इतने में वहां मिस्टर एंड मिसेज जोशी पहुंचे। आते ही श्रीमती जोशी ने मुझसे कहा,

"भैयाजी, अगर आप उसी दुकान पर जा रहे हैं, तो मेरी साड़ी भी बदलकर लाइए ना। वहाँ ऐसी ही मोर रंग की साड़ी है, प्लीज उसे लाओ ना। इन्हे ही भेज रही थी, लेकिन सुबह से इन को ठंड बज रही है। " तभी मैंने जोशी की ओर देखा।

उन्होंने मुझे थम्सअप दिया। मैंने तुरंत नितिन की ओर देखा। वह मंद मंद मुस्करा रहा था और सुबह से जो संक्रांति उसे टेढ़ी निगाहों से देख रही थी, वही संक्रांति ने अब मेरी ओर टेढ़ी नजर करते देख, अंदर ही अंदर खुश हो गया और मुझे लिखने के लिए एक विषय देकर निकल गया।

---

110 वर्धमान वाटिका फेज 01 क्रांतिवीर नगर लेन 02 होटल जयमल्हार के पास, थेरगाव, पुणे 499033 महाराष्ट्र

संदीप कटारिया

लेखक तहसील इंद्री, ज़िला-करनाल (हरियाणा) के रहने वाले हैं। आपने शिक्षा में M.Sc, व B.Ed की डिग्री हासिल की है और वर्तमान में प्रतियोगी परीक्षाओं की तैयारी कर रहे हैं। लेखक की बहुत सारी रचनाएँ विभिन्न पत्र-पत्रिकाओं में प्रकाशित हो चुकी हैं।

संदीप की रचनाएँ

बिल्ली मौसी

✍ संदीप कटारिया 'दीप

बिल्ली मौसी, बिल्ली मौसी!
दिखती तुम बिल्कुल चीते जैसी
आँखें ऐसी; जैसी चमकती गोटी
तोंत तुम्हारी है बहुत मोटी।

चूहों की पलटन तुमसे डरती-
देखते ही भागने को करती
तुम फट से सबको चट करती
सब घरों में तुम ही राज करती।
ढेर सा दूध तुमको भाता

फल-सब्ज़ियों से नहीं तेरा नाता
अगर ना मिले तो उधम मचाती
तब तुम बहुत बुरी हो जाती।

बिल्ली मौसी, बिल्ली मौसी
रोज़ हमारे घर भी आया करो
बहुत से चूहे हो गए हैं-
उन्हें भी चट कर जाया करो।

बदले में तुम्हें दूध का
एक बड़ा सा कटोरा मिलेगा
और मैं भी तुम्हारे संग
जी भरकर खेला करूँगा।

हम चले

✍ **संदीप कटारिया 'दीप'**

हम चले, हम चले!...
कदम कदम की ताल पर
नित नए गीत सजाते चले।
अवसादों के कोलाहल में
उन्माद राग बजाते चले।
हम चले, हम चले!...

देखो देख रही सब
वीर जवानों की टोली,
हाथों में कलम-कुदाल,
माटी से सनी चोली;
आँखों में भरे ढेरों सपने,
जो दिन-दिन फूले फले
हम उन सपनों को
सच करने को घर से चलें।
हम चले, हम चले!...

हम रोए खिल-खिलाकर
हँस पड़ी थी दुनियाँ,

हम पलभर क्या सोए
चुराकर ले गई नींदिया;
क्या सुनाएँ उसकी व्यथा,
हृदय पर जो बाण चलें
बीती बातें भुला हम
एक नया जीवन जीने चलें।
हम चले, हम चले!...

जीवन लक्ष्य पाने में भी
होता है: एक श्रेष्ठ नशा,
हमारे चंचल हिय में भी
मधुप सा भाव बसा;
हम अमर-प्रेम-रस की
खोज में घर से निकले
ना रोके कोई, हम वो फूलों का
शहर चुराने चलें।
हम चले, हम चले!...
काले बादल भी
हमारे श्रम-रव से रहते डरे,
मुख पर शीतलता,

दिल में हैं अंगार भरे;
संकटो के पत्थर धकेल
हम निर्झर सा बह निकले;
ना टकराए कोई,
हम तूफ़ानों का मुख मोड़ने चले।
हम चले, हम चले!...

अगर आज हम रुके
तो रुक सकता है सृष्टि चक्र,
अगर हम झुके तो काल की
दृष्टि हो सकती वक्र;
अपने श्रम-संघर्ष से हम
एक नया जहाँ बसाने चले
घोर अंधेरों में भी आशाओं के
नन्हें 'दीप जलाने चले।
हम चले, हम चले!...
कदम कदम की ताल पर
नित नए गीत सजाते चले।
अवसादों के कोलाहल में
उन्माद राग बजाते चले।
हम चले, हम चले!...

✍ (करनाल, हरियाणा)

दिल और दिमाग़

✍ **संदीप कटारिया 'दीप**

एक सवाल मेरे जेहन में
अक्सर खड़ा होता है;
आदमी के दिल और
दिमाग़ में से कौन बड़ा होता है।

माना कि दिमाग़ के
दम से ही जीती गई हैं जंगे कई;
पर दिल की ख़ातिर ही,
इंसा हरेक जंग लड़ा होता है।

रिश्तों को बचाने की ख़ातिर
दिल झुकना सिखाता है;
पर दिमाग सबके आगे
सीना तानकर खड़ा होता है।

दिल बेलग़ाम घोड़े सा

जहाँ-तहाँ भागता ही रहता है;
पर दिमाग़ अपनी मंजिल
पाने को बेताब खड़ा होता है।
एक-एक सरफ़रोश ए वतन
साहिबे दिल ही होता है;
जो अपनी फ़िक्र छोड़
सरहद पर जाकर खड़ा होता है।

दिमाग़ अपनी ख़ुराफ़ातों से
अगर दुश्मन को हराता है;
तो दिल के तिलिस्म के आगे
दुश्मन कदमों में पड़ा होता है।
बिना दिल के हर शख़्स
बस एक चलती-फिरती लाश है ;
यह दिल ही है जिसके मार्फ़त
जिस्म रूह से जुड़ा होता है।

एक सवाल मेरे ज़हनो-दिल में
अक्सर खड़ा होता है।
आदमी के दिल और दिमाग़ में
कौन बड़ा होता है।

✍ करनाल, हरियाण

अहसास : परवरिश परिंदों की

🕊 संजय गुप्त, आगरा

परिंदे उड़ें खुले आसमान में
तो इरादे ऊंचे होने ही चाहिए ।
पंखों की मजबूती का भी
अहसास होते रहना चाहिए ।।
सूरज की तेज धूप से बरसे
आग गर्मियों में कितनी भी ।
बादल और ताल तलैयों में
पानी का भंडार होना चाहिए ।।
चिड़िया चिरोंटो की चहचहाहट
से होती है खुशनुमा सुबह ।
भरण पोषण के लिए दाना
पानी भरपूर होना चाहिए ।।
बेजुबान हैं तो क्या हुआ, मधुर
सुरों में संगीत सुना देते हैं ये ।
इंसानियत से इनकी परवरिश
का इंतजाम होना चाहिए ।।

अरविंद भट्ट

पिता - स्व.श्री भारतलाल भट्ट
सम्प्रति - माध्यमिक शिक्षक, प्रतिनियुक्ति- विकासखंड अकादमिक समन्वयक, जनपद शिक्षा केन्द्र, मोहखेड़, छिंदवाड़ा, पता - सुरभि कॉलोनी, चंदननगर, छिंदवाड़ा, मध्यप्रदेश-480001 दूरभाष - 7725899102

कविताएँ

अरविंद भट्ट की कविताएँ

नववर्ष-अंत से आरम्भ

✍ अरविंद भट्ट

ये नव वर्ष क्या है
अंत से फिर आरंभ है
कालचक्र की गति है
जीवन फिर भी प्रारंभ है

बीज से अंकुरित होना
अंकुर से फिर पल्लवन है
फूल से फल हो जाना
फल का बीज में रूपांतरण है

सदियों सदियों से
प्रक्रिया यह अनंत है
प्रकृति का अपना रूप रंग है
ये नव वर्ष क्या है
अंत से फिर आरंभ है

ऋतुओं का जैसे परिवर्तन है
हँसता रोता अपना ही मन है
मुट्ठी में रेत सा समय सरकता
नए से पुराना, पुराने में नयापन है
क्रम बढ़ता निरन्तर
एक दूसरे में अंतर
अंतर का अपना प्रसंग है
ये नव वर्ष क्या है
अंत से फिर आरंभ है

बीते समय को धन्यवाद
नये समय का स्वागत है
पिछली मधुर स्मृतियां है
कुछ नवीन प्रतीक्षारत है
हर हृदय में उमंग है
आगे बढ़ने की तरंग है
खुशियां एक दूजे के संग है
ये नव वर्ष क्या है
अंत से फिर आरंभ है

सार्थक नववर्ष

✍ **अरविंद भट्ट**

दीवार पर टँगे
कैलेंडर में तारीखे बढ़ती,
पन्ना पलटता जाता है, , , ,
बंद मुट्ठी में रेत की तरह
वक़्त फिसलता जाता है,
दिन, सप्ताह, महिने और फिर
वर्ष बदल जाता है, , , ,
उम्र के पायदान की एक सीढ़ी

हम और चढ़ गये,
वक़्त की रफ़्तार के साथ थोड़ा
आगे हम और बढ़ गये,
बढ़ते हुए इस सफर में हमने क्या
खोया क्या पाया है
जीवन का फ़लसफ़ा हमको
कितना समझ आया है,
इस का आंकलन खुद को करना होगा
मंजिल की तरफ आगे चलना होगा
वरना साल तो यूं ही गुज़रता जाएगा
दीवार से केलेंडर उतरता जाएगा,
उम्र का पंक्षी आगे बढ़ता जाएगा,
इसलिए कुछ प्रण करने होंगे
आंखों में कुछ सपने भरने होंगे
उम्मीद से होसलो से आगे बढ़ना होगा
वक़्त की चुनोतियों से भी लड़ना होगा
तब कहीं नववर्ष सार्थक होगा,
बधाई देने का कोई अर्थ होगा, ,
अन्यथा, , , , दीवार पर टँगे
कैलेंडर में तारीखे बढ़ती जाएगी,
यूं ही पन्ना पलटता जाएगा, , ,
वक़्त का क्या है गुज़रता है,
गुजर जाएगा, , , ,

नई सदी की स्त्री

✍ अरविंद भट्ट

मुझे लगता है,

अक्सर स्त्री प्रेम में पड़कर

या भावुक होकर,

बदल लेती है, अपना व्यवहार, , ,

मैं चाहता हूँ,

तुम एक समझदार और

प्रभावशाली स्त्री की तरह रहो, , ,

वैसे ये नही है इतना आसान, ,

क्योंकि इसमें सबसे पहले है

अपना व्यक्तिगत सम्मान, , , ,

मैं चाहता हूँ तुम,

किसी के सामने न झुको

न करो किसी की जी हुजूरी कभी

हाँ लेकिन जब सही हो तुम,

किंतु गलत होने पर भी

हावी रहती हो तुम,

तुम सबकी हाँ में हाँ और न

में न न कहो, बात को समझ कर

अपनी अभिव्यक्ति करो,

झूठ की डोर बांधने से

रिश्ते मजबूत नही होते,

शब्दों को चाशनी में डुबोने से

व्यवहार मीठे नही होते,

तुम फ़िजूल की बातों में मत उलझो,

सार्थकता के साथ तत्थपूर्ण बात रखो,

गहने, कपड़े, जेवरात से सँवरने

की हमेशा मत करो बात

खुद को निखारो आत्मविश्वास,

आत्मसम्मान के साथ

व्यक्तित्व में शामिल हो मासूम

मुस्कुराहट, दृढ़ निश्चय और जज्बात,

तुम गलतियों में टोको भी

लेकिन तकलीफ़ में संभालो भी

व्यर्थ के वार्तालाप से दूर रहो, , , ,
अच्छी किताबों से ज्ञान ज्ञान संचित करो, ,
पुरुष वर्चस्व समाज मे
अपनी परिपक्वता प्रदर्शित करो, , ,
पौरूष के समक्ष न हो नतमस्तक
तुम्हारे लहजे में झलके हौसला और हिम्मत
नई सदी की स्त्री बनकर उभरो
जो अपने सपनों को जीना जानती है
समाज और संस्कृति को भी मानती है, , , ,
अपने विचारों को ऊंची उड़ान दो
अपनी सोच को खुला आसमान दो, ,
खुद के लिए सम्मान बरकरार रखों
और सबको आदर सम्मान दो,
तुम केवल प्रेम के प्रति मत होना
पूर्णतः समर्पित, , प्रेम में है बहुत कुछ
लेकिन नही है सब कुछ, , ,
अन्य भाव की तरह,
प्रेम भी एक भाव है, , ,
क्योंकि प्रेम में जब
विश्वास टूटता है
तो टूट जाती है स्त्री भी, , ,

छिंदवाड़ा, मध्यप्रदेश

वक़्त

पूनम गुप्ता

वक्त कहता मैं तुम्हारे साथ हूँ
यह पल में अनेक रूप बदलता
दुख दर्द और सुख का साथी बनता
रोज अपने नए रंग, रूप दिखाता
सब इसकी मर्जी से चलता
अपना हर पल का महत्व बताता
ये कभी रुकता नहीँ थकता नहीँ
बस निरतंर ही चलता जाता हूँ
इसके महत्व को अगर समझोगे
जीवन में अपने लक्ष्य हासिल करोगे
सारे काम समय पर ही होते
चाहे हम कितने भी उत्सुक हो
होगा काम समय के आने पर ही
इसलिए समय के महत्व को समझे
समय कहता मैं तुम्हारे साथ हूँ

मध्यप्रदेश भोपाल

शारदा प्रसाद तिवारी "पारस"

पिता - स्व.श्री गया प्रसाद तिवारी
पता - म.न.175/3वार्ड नं.10, आगरा मोहल्ला पन्ना,
राज्य मध्य प्रदेश - 488001
मोबाइल - 7440884998

शारदा की रचनाएँ

सच्ची भक्ति
देश भक्ति

✍ **शारदा प्रसाद तिवारी "पारस"**

चिंता क्या है? देश की भाई.
क्या दे दोगे? जान हमाई.
मातृ से पहले?
भूमि हमारी. तुम कौन हो?
माँ का पुजारी, वो कौन है?
सच्ची कुदरत.
फिर मैं कौन हूं?
उसकी रहमत.
परिवार की चिंता?

छोड़ चुका हूं.
बीबी से वादे?
तोड़ चुका हूं.
कब तक लड़ोगे?
जब तक दम है.
उसके बाद?
हाथ में बम है.
जो साथी छूट गए?
उन्हे याद करूंगा.
जो खुद घिर गये तो?
आजाद बनूंगा.
डर नहीं लगता?
किससे डरना. गर मर गये तो?
सबको मरना. सब को है मरना..
सब को है मरना...

गंदा धंधा

✍ **शारदा प्रसाद तिवारी "पारस"**

अरे वाह.....
पता चला है उसने वेश्यावृत्ति पर,
इक किताब लिखी है.
जो जमाने से नजर बचाकर,
कभी कोठे पर आता था..
बड़ी संजीदगी से लिखा है,
दर्द उसने इक रण्डी का.
जो जख्मों को दर्द दे देकर,
कभी रण्डियां बनाता था..
उसकी किताब पढ़ पढ़ कर,
सब आंसू बहा रहे हैं.
और वो हंस रहा है,
जो रात भर उनको रुलाता था..
असर किताब का कहूं,
या मुझपे कहर कहूं मैं उसका.
आज सूनी है वो गलियां,
जहां वो मजमा लगाता था..
जब तक रही जवानी,
लूट लिया जी भर मुझको.

धंधा ही मंदा करा दिया,
जो कभी धंधा चलाता था..
आज वो जहाँ में इस कदर,
मशहूर हो गया है पारस.
जो हमारे पास आकर,
हमारी ही कहानी चुराता था..

अरमान है बिटिया

✍ **शारदा प्रसाद तिवारी "पारस"**

इक बाप का सहारा,
इक अरमान है बिटिया.
इक मां की खातिर,
सारा ये जहान है बिटिया..
मौका पड़ने पर बन लक्ष्मी,
जो तलवार उठाले.
क्यों समझ के रक्खा है,
एक समान है बिटिया..
ना समझो इसे कोमल,
ना नाजों से तुम पालो.
ये फौलाद बन के निकले,

उस सांचे में ढालो..
जरूरत नहीं इसे किसी,
मददगार की रक्षा को.
इक दिन समझ लोगे,
खुद बलवान है बिटिया..
जिसने नौ माह तक तुझे,
अपनी कोख में ढोया.
कितना दर्द झेला था उसने,
जब पैदा तू होया..
अब अबला कह कह के,
उसका अपमान न कर.
कयामत से दर्द सहने की,
इक पहचान है बिटिया..
गौरा बनी है कभी तो,
कभी काली भी बनी है.
श्रृष्टि को गर रची तो,
यह रखवाली भी बनी है..
सावित्री बनकर जो कभी,
यमराज को हरा दी.
सीता के समान सदा ही रही,
धैर्यवान है बिटिया..
तो मत मारो इसे कोख में,
दुनिया में आने दो.

इसको भी सुंदर कल के,
सपनों को सजाने दो..
पारस इसे भी हक है,
इस दुनिया में जीने का.
ईश्वर का दिया हुआ इक,
वरदान है बिटिया..
पारस इसे भी हक है,
इस दुनिया में जीने का.
ईश्वर का दिया हुआ इक,
वरदान है बिटिया..
ईश्वर का दिया हुआ इक,
वरदान है बिटिया..

प्रीति चौधरी "मनोरमा"

कवयित्री एक शिक्षिका हैं और 'उड़ान' के संपादन मंडल में अवैतनिक संपादकीय सदस्य हैं। आपकी अब तक कई पुस्तकें प्रकाशित हो चुकीं हैं और कई साझा संकलनों में रचनाएं प्रकाशित हो चुकीं है। आप उत्तर प्रदेश के बुलंदशहर में निवासरत हैं।

प्रीति चौधरी की रचनाएँ

सहारा

✑ प्रीति चौधरी "मनोरमा"

बनो सहारा साँवरे, कर दो मेरी जीत।

सदा विचारा आपको, हे मेरे मनमीत।।

मिले सहारा श्याम का, होगा फिर उद्धार।

सदा पुकारूँ आपको, मेरे तारणहार।।

आज सहारा चाहिये, आओ हे घनश्याम।

प्रेम पुजारी मैं तेरा, रटता हर क्षण नाम।।

मिले सहारा ईश का, तिमिर घना चहुँओर।

जीव भिखारी हैं सभी, ईश्वर देता भोर।।

आज सहारा चाहिये, तेरा मेरे नाथ।

रुदन निराशा बढ़ रही, आशा लाओ साथ।।

प्रेम

✑ प्रीति चौधरी "मनोरमा"

प्रीति होती जैसे स्वर्ण

मधुमास सौम्य पर्ण

नहीं धर्म और वर्ण

यही उर की है आस।

प्रेम जैसे एक राग

द्वेष होता विष नाग

बैर बोले बन काग

प्रेम कोकिला का वास।

अमिट लगाव यही

पंथ सदा नेक -सही

संतों ने भी बात कही
प्रेम देव एहसास।
स्नेह अनमोल बड़ा
पूजन कलश-घड़ा
हीरे-मोती जैसे जड़ा
पूँजी यही होती खास।

गीत

✍ **प्रीति चौधरी "मनोरमा"**

वसुधा के वसन छिन गये
कैसे धरती सहन करे।
हरियाली की भीख माँगते
कानन उपवन रुदन करे।

पंछी ढूँढे ठंडी छाँव
कहाँ मिलेगा इनको गाँव
राहों में है पथिक निराश
जलते पावक से अब पाँव।
बहुमंजिला इमारतों के टीले
स्पर्श जैसे गगन करे।

हरियाली की भीख माँगते
कानन उपवन रुदन करे...
बंजर धरती हुई उदास
दिखती नहीं दूर तक आस
नीड़ कहाँ बनाएँ पक्षी
जीव-जंतु का छिना निवास।
नीर बहाती प्रकृति माँ हैं,
कैसे प्रभु को नमन करें।
हरियाली की भीख माँगते
कानन उपवन रुदन करे...

अपना पराया

✍ प्रीति चौधरी "मनोरमा"

सुधा रेलगाड़ी से मध्यप्रदेश अपने चाचा जी के घर जा रही है। वह स्नातक द्वितीय वर्ष की छात्रा है। गौर वर्ण.. चंचल आंखें ...सुंदर मुखड़ा... जिसे देखकर कोई भी सहज ही मोहित हो जाए। संगीत में विशेष रुचि रखने वाली सुधा सहज भाव से कानों में ईयर फोन लगाए, पसंदीदा गाने सुनती हुई, खिड़की से बाहर के दृश्यों को अपनी आँखों के कैमरे में सहेजती हुई चली जा रही है। रेलगाड़ी सुबह लगभग पाँच बजे गंतव्य तक पहुँचेगी। डब्बा यात्रियों खचाखच भरा हुआ है। साँझ का समय है।

रात आते- आते डब्बे में इक्का-दुक्का सवारी ही रह गई हैं। सुधा ने गौर किया तो पाया कि अब वह रेल के डिब्बे में अकेली महिला है। चार-पाँच नवयुवक अभी- अभी रेल में चढ़े हैं, जो दाएँ- बाएँ की सीट पर विराजमान हैं। रात के अंधेरे को चीरती हुई रेलगाड़ी की आवाज सुधा की धड़कनों को बढ़ा रही है। सुधा ने अपने मन के अंदर के भय और अंदेशों से बचने के लिए अपनी बर्थ की लाइट को जला दिया है।

अब वह अपनी पसंदीदा मैगजीन पढ़ने लगी है। वह पन्ने उलट- पुलट कर रही थी, किंतु उसका हृदय आशंकाओं से घिरा हुआ था। यही सोच रही थी कि रात को यदि नींद आने लगी, तो कहीं कोई दुर्घटना तो घटित नहीं हो जाएगी..?

वैसे भी समाचार पत्र और टीवी न्यूज़ चैनल पर आए दिन बलात्कार जैसी घटनाएँ होती रहती हैं, किंतु उसने मन के अंदेशों को परे धकेलते हुए बाहर का दृश्य देखा, कितनी मनमोहक रात है, उजला धवल चंद्रमा, ऐसा प्रतीत हो रहा है जैसे रेलगाड़ी के साथ-साथ चल रहा हो। वह प्रकृति के सौंदर्य को देखकर आत्मविभोर हुई जा रही थी। उसे लग रहा था जैसे कोई अपना साथ-साथ चल रहा हो।

जब उसकी आंखें नींद से बहुत बोझिल होने लगीं, तो उसने बत्ती बंद कर दी तथा मैगजीन को मोड़कर अपने आंचल में छुपा लिया। मध्यरात्रि में उसे नींद में ही कुछ आवाजें सुनाई दे रही थीं, जो उसकी नींद में व्यवधान डालने लगीं।

पहले उसने सोचा वह स्वप्न में यह सब देख रही है, किंतु जब उसने आंखें खोली तो उसे आभास हुआ कि यह सब शोर ट्रेन के अंदर उसी के कंपार्टमेंट में हो रहा है। वे पाँच-छः नवयुवक जो कुछ देर पहले बड़ी शांति से बैठे थे। आपस में किसी बात को लेकर गाली -गलौज कर रहे हैं। सुधा को माजरा समझते देर न लगी, जब उनमें से एक नवयुवक ने आपशब्दों के साथ कहा

"क्यों बे... तेरी क्या लगती है..? हमसब मिलकर मौज उड़ाते..पर तूने ना बीच में ही सब खेल बिगाड़ दिया.."

रेल का दृश्य थोड़ा भयानक हो चुका था। पाँचों नवयुवकों ने एक युवक की शर्ट का कॉलर पकड़ रखा है। वे उसे झिड़क रहे थे

"क्या तू नपुंसक है, जो लड़की को देखकर भी तुझे कुछ नहीं हुआ ..ऐसी रात के अंधेरे में किसको खबर चलती ..थोड़ा बहुत मनोरंजन करते ...निकल जाते.."

किंतु उस युवा ने अपना कॉलर छुड़ाते

हुए कहा

"देखो जुबान संभाल कर बात करो.. वह एक लड़की है कोई खिलौना नहीं.. उसके विषय में ऐसा न कहो.. "

"तू क्या उसे जानता है..? तेरी क्या बहन है..?"

"बहन तो नहीं है, लेकिन हाँ मेरे लिए इतना ही काफी है कि वह एक लड़की है, और शायद अकेली सफर कर रही है, जब तक मैं इस डिब्बे में हूँ, तब तक कोई इसे हाथ तक नहीं लगाएगा।"

सुधा उस देवदूत को देख रही थी, जो अजनबी होते हुए भी अपना सा लग रहा था। जैसे ही सुधा ने उस लड़के को गौर से देखा तो पाया कि वह एक सामान्य नैन नक्श वाला, छोटी कद काठी का, घुँघराले बालों वाला, साधारण सा नौजवान है। जिसकी आँखों से शराफत टपक रही है। उसकी बातचीत का ढंग और पावन विचार उसकी अच्छाइयों की गवाही दे रहे हैं। सुधा ने तुरंत ही रेल पर इंगित हेल्पलाइन नंबर डायल कर दिया और उसकी कॉल पर तुरंत ही टी०टी० समेत कई व्यक्ति उस डिब्बे में

आ गए और उन मनचले लड़कों को ट्रेन से बाहर कर दिया गया। अब रेलगाड़ी में मात्र दो ही इंसान थे -एक सुधा और एक वह फ़रिश्ता नुमा आदमी।

सुधा वैसे किसी से अधिक बात नहीं करती थी, किंतु जिस व्यक्ति ने उसकी जान बचाई ...उसे अपमानित होने से बचाया ...उसका आभार व्यक्त करना तो जरूरी था, अतः सुधा ने ही बात प्रारंभ की

"आप कहाँ जा रहे हैं ..?"

"जी मध्य प्रदेश... मैं मध्यप्रदेश का ही निवासी हूँ और देवास में रहता हूँ।"

"आप कहाँ से आई हैं ..?"

सुधा ने कृतज्ञता से उत्तर दिया

"जी उत्तरप्रदेश के बुलंदशहर जिले से, मेरे चाचा जी मध्य प्रदेश में रहते हैं, बस उन्हीं के पास जा रही थी।"

अब सुधा ने नजरें नीची करते हुए कहा

"यदि आज आप न होते, तो न जाने क्या हो जाता... किन शब्दों में आपका आभार व्यक्त करूँ..? समझ में नहीं आ रहा कैसे आपका एहसान चुकाऊँ..?"

"ऐसा ना कहिए ..आपको कुछ भी नहीं

होता.. ईश्वर अच्छे लोगों की मदद करते हैं ..”

“आपको कैसे पता कि मैं अच्छी हूँ।”

“अच्छाई अपना परिचय स्वयं देती है, यह किसी के इंट्रोडक्शन की मोहताज नहीं होती“

उस नौजवान ने मुस्कुराते हुए जवाब दिया।

अब उस नवयुवक ने अपनी शर्ट में से एक कार्ड निकालते हुए सुधा की ओर बढ़ा दिया

“कभी मध्यप्रदेश आएँ तो मेरे घर अवश्य आइएगा। मेरी माँ आपको देखकर बहुत खुश होंगी.. दरअसल मेरी माँ भी उत्तरप्रदेश से हैं..। ” उस नौजवान ने सुधा की प्रश्नवाचक नज़रों में देखते हुए कहा।

सुधा मुस्कुरा कर रह गई। इस बात को कई वर्ष गुजर गए। न तो सुधा कभी देवास गई, न ही सुधा ने कभी उस विजिटिंग कार्ड को अपने आप से अलग किया। उसने वह विजिटिंग कार्ड सहेज कर अपनी डायरी में रख लिया। घर आकर जब माँ को सारी बात विस्तार से बताई, तो माँ ने उस अजनबी के लिए ढेरों आशीर्वाद भरे शब्द कहे।

दिन गुजरते जा रहे थे सुधा का स्नातक पूर्ण हो गया। अब सुधा एक निजी विद्यालय में अध्यापन कार्य करने लगी। एक दिन जब वह विद्यालय से घर आई तो देखा की माँ ने घर को बहुत अच्छे ढंग से सजाया हुआ है। भाँति-भाँति के व्यंजन की सुगंध रसोई घर से आ रही है। सुधा ने सुखद आश्चर्य के साथ

> “कभी मध्यप्रदेश आएँ तो मेरे घर अवश्य आइएगा। मेरी माँ आपको देखकर बहुत खुश होंगी.. दरअसल मेरी माँ भी उत्तरप्रदेश से हैं..। ”
> उस नौजवान ने सुधा की प्रश्नवाचक नज़रों में देखते हुए कहा।

पूछा “माँ घर पर कोई अतिथि आ रहे हैं..?”

माँ मुस्कुराते हुए कहा “नहीं कोई अपना आ रहा है ...मतलब आज तुम्हारे चाचा जी वरपक्ष को घर दिखाने ला रहे हैं।”

"मतलब .."

"अरे बुद्ध लड़के वाले तुम्हें देखने आ रहे हैं।"

सुधा के चेहरे पर लाज की लाली सिमट आई। किसी भी लड़की के लिए यह विषय होता ही ऐसा है वह झट से अपने कमरे की ओर चल दी। माँ ने उसे तैयार हो जाने के लिए कहा। वह थोड़ा फ्रेश महसूस करने के लिए नहाने चली गई। नहा कर उसने गुलाबी सूट पहन लिया। उस गुलाबी सूट में उसकी गुलाबी रंगत और भी ज्यादा निखर रही थी। थोड़ी देर में माँ कमरे में आकर बता गयीं कि "लड़के वाले आ गए हैं सुधा, चाय किचन में तैयार रखी है बस तुम्हें सर्व करके बाहर लेकर आनी है।"

सुधा के साथ यह पहला वाकया था। इससे पहले कभी लड़के वाले घर पर नहीं आए.. कभी विवाह की बात भी नहीं हुई ..आज उसे सब कुछ नया- नया सा लग रहा था। पता नहीं पराए लोगों के सामने कैसे स्वयं को प्रस्तुत करना है..? वह सकुचाई हुई सी चाय की ट्रे दोनों हाथों में थामे बैठक की ओर चल दी, संकोच के कारण ट्रे में रखे

हुए कप कंपन कर रहे थे। उसने ट्रे को मेज पर रख दिया। माँ ने बैठने का इशारा किया। जैसे ही वह सोफे पर टिक कर बैठी, उसने सामने देखा तो वह स्तब्ध रह गई, यह तो वही नौजवान था, जिसने सुधा को उन मनचले लड़कों से बचाया था। सुधा इस

किसी भी लड़की के लिए यह विषय होता ही ऐसा है वह झट से अपने कमरे की ओर चल दी। माँ ने उसे तैयार हो जाने के लिए कहा। वह थोड़ा फ्रेश महसूस करने के लिए नहाने चली गई। नहा कर उसने गुलाबी सूट पहन लिया।

संयोग पर हतप्रभ रह गई। मन के किसी कोने में जिसे वह आज तक पूजती आई थी, आज वह देवदूत उसके समक्ष बैठा है। लड़के के माता -पिता को सुधा बहुत पसंद आई। दोनों का विवाह तय कर दिया गया।

अपने-पराए का भेद समाप्त हो गया। रात को सुधा संगीत सुनकर ही सोती थी। उसने गाना चला दिया-

"मेरा तुझसे है पहले का नाता कोई
यूँ ही नहीं दिल लुभाता कोई..."

दिकु के झुमके

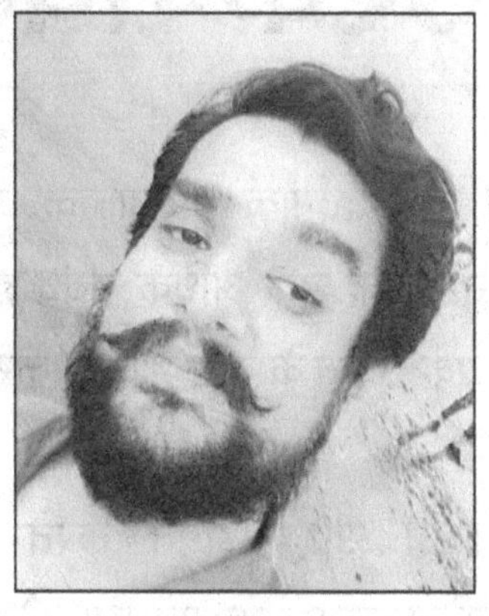

✍ **प्रेम ठक्कर**

सुनो दिकु.....
अनोखे से झुमके तुम्हारे
पल पल याद आते है
आज भी उनकी झणकार का
मेरे कानों में एहसास कराते है

जब चूमना चाहता हूँ
उन को स्वप्न में
ना जाने ये कहाँ भाग जाते है
कभी कभी तो बाज़ार में
जब उनका रूप देखता हूँ
तब यह बदमाश मुझे बड़ा रुलाते है
मुझे चुप कराने के लिए ये
तुम्हारी हंसी को
मेरे ख्यालों में ले आते है
अपनी अदाओं की चमक से
ये फिर से मुझे मनाते है
अनोखे से झुमके तुम्हारे
मुझे हरपल याद आते है
प्रेम का इंतज़ार अपनी दिकु के लिए

✍ डाटा एवं प्रोसेस मैनेजर, सूरत, गुजरात, संपर्क - 9023864367

सलिल सरोज

कार्यकारी अधिकारी, लोक सभा सचिवालय
नई दिल्ली, फोन - 9968638267

वृद्ध वयस्कों के बीच सामाजिक डिस्कनेक्ट

मनुष्य सामाजिक प्राणी हैं। एक विकासवादी दृष्टिकोण से, हमारे प्रारंभिक अस्तित्व के लिए सामाजिक संबंध आवश्यक थे, और अभी भी बहुत कुछ हैं। वास्तव में, सामाजिक जुड़ाव मानव जीवन के सबसे बुनियादी पहलुओं में से एक है और हमारी भलाई के लिए महत्वपूर्ण है। दूसरों के लिए डिस्कनेक्ट या अनदेखा महसूस करना न केवल दर्दनाक भावनात्मक अवस्थाओं को उजागर करेगा, बल्कि एक बुनियादी मानवीय आवश्यकता-संबंधितता की आवश्यकता को भी विफल कर देगा। हालाँकि, जिस तरह प्यास हमें पानी पीने के लिए एक संकेत के रूप में कार्य करती है, उसी तरह दर्दनाक भावनात्मक अवस्थाएँ हमें दूसरों के साथ अधिक संबंध बनाने के लिए एक संकेत के रूप में काम कर सकती हैं।

मौजूदा साक्ष्य इंगित करते हैं कि सामाजिक जुड़ाव का स्वास्थ्य और दीर्घायु पर एक शक्तिशाली प्रभाव है। उदाहरण के लिए, जो लोग दूसरों से अधिक जुड़ाव महसूस करते हैं, उनमें अवसाद, चिंता की दर कम होती है और उनमें आत्महत्या का जोखिम कम होता है।

हालांकि, सामाजिक वियोग के प्रभाव मानसिक स्वास्थ्य तक ही सीमित नहीं हैं। वास्तव में, सामाजिक वियोग भी हमारे

शारीरिक स्वास्थ्य पर प्रतिकूल प्रभाव डालता है, जिसमें उच्च रक्तचाप, उच्च तनाव हार्मोन और बिगड़ा हुआ प्रतिरक्षा कार्य शामिल है।

बुजुर्गों में सामाजिक अलगाव एक बढ़ती हुई चिंता का विषय रहा है, और इसके कारणों, जोखिम कारकों और यह कैसे वरिष्ठों के स्वास्थ्य को प्रभावित करता है, यह निर्धारित करने के लिए कई अलग-अलग अध्ययन किए गए हैं। अधिकांश अध्ययन इस बात से सहमत हैं कि अकेलापन और अलगाव उतना ही खतरनाक हो सकता है जितना कि एक दिन में 15 सिगरेट पीना या एक शराबी होना, और मनोभ्रंश के जोखिम को 64 प्रतिशत तक बढ़ा सकता है। अकेलापन मृत्यु की संभावना को 26 प्रतिशत तक बढ़ा देता है।

जो लोग अकेले हैं वे कम अकेले रहने वालों की तुलना में सामान्य सर्दी में 5 प्रतिशत अधिक गंभीर लक्षणों की रिपोर्ट करते हैं। समुदाय में रहने वाले 10 से 43 प्रतिशत वरिष्ठ नागरिक सामाजिक रूप से अलग-थलग हैं। अकेले वरिष्ठों में शारीरिक और मानसिक स्वास्थ्य में गिरावट का 59 प्रतिशत अधिक जोखिम होता है।

वरिष्ठों द्वारा अनुभव किया जाने वाला अकेलापन और सामाजिक अलगाव आमतौर पर निम्न-गुणवत्ता वाले सामाजिक संबंधों या इन संबंधों की पूरी तरह से कमी के कारण होता है। हालांकि, कई अन्य चीजें हैं जो इन मुद्दों का कारण बन सकती हैं, जैसे कि 80 या उससे अधिक उम्र का होना, पुरानी स्वास्थ्य समस्याएं होना और पारिवारिक ढांचे में बदलाव। सेवानिवृत्ति, मित्रों और परिवार की मृत्यु और गतिशीलता की कमी के कारण हम उम्र के रूप में सामाजिक संपर्क कम हो जाते हैं।

बुजुर्ग नागरिकों के लिए सामाजिक अलगाव के अन्य कारणों में निम्नलिखित शामिल हैं:

- विकलांगता
- अकेले रहने की बाध्यता
- सीमित वित्त सहायता
- शारीरिक गतिशीलता में कमी
- आस-पास में किसी परिवार वालों का नहीं होना
- शादी और साथी से वंचित (तलाकशुदा, अलग, या विधवा)

- परिवहन की चुनौतियाँ
- शारीरिक और मानसिक रूप से सक्रिय रहने में असमर्थता
- ग्रामीण जीवन या हाशिए के समूह का

> वरिष्ठों द्वारा अनुभव किया जाने वाला अकेलापन और सामाजिक अलगाव आमतौर पर निम्न-गुणवत्ता वाले सामाजिक संबंधों या इन संबंधों की पूरी तरह से कमी के कारण होता है।

हिस्सा होने के कारण पहुँच और असमानता की कमी

- खराब स्वास्थ्य जिसमें अनुपचारित श्रवण हानि, दुर्बलता और खराब मानसिक स्वास्थ्य का शामिल होना
- सामाजिक बाधाएँ जैसे कि उम्रवाद और वृद्ध वयस्कों के लिए शामिल होने और

योगदान करने के अवसरों की कमी

सामाजिक अलगाव और अकेलापन तभी कम होगा जब एक बहु-हितधारक, बहु-क्षेत्रीय प्रयास में प्रभावी हस्तक्षेप और रणनीतियों को बड़े पैमाने पर लागू किया जाएगा। इसके लिए प्रभावी हस्तक्षेपों और रणनीतियों (मौजूदा या नए) की पहचान की आवश्यकता होगी और जनसंख्या स्तर पर प्रभाव प्राप्त करने के लिए उन्हें बढ़ाने के लिए आवश्यक सभी कारकों को संबोधित करना होगा, जिसमें निरंतर मूल्यांकन और अनुकूलन का चक्र, हस्तक्षेप लागत और लाभों का अनुमान, हस्तक्षेपों को अपनाना शामिल है।

सामाजिक अलगाव और अकेलापन, जो विश्व स्तर पर वृद्ध लोगों की आबादी के काफी अनुपात को प्रभावित करता है, उनके जीवन को छोटा कर देता है और उनके मानसिक और शारीरिक स्वास्थ्य और उनकी भलाई पर भारी असर डालता है। कोविड-19 और परिणामी लॉकडाउन और शारीरिक दूरी के उपाय वृद्ध लोगों के जीवन में सामाजिक संबंधों के महत्व की एक कड़ी याद दिलाते हैं। संयुक्त राष्ट्र स्वस्थ उम्र बढ़ने का दशक 2021-2030 संयुक्त राष्ट्र एजेंसियों और सभी क्षेत्रों में हितधारकों के लिए अंतरराष्ट्रीय स्तर पर,

> सामाजिक अलगाव और अकेलापन तभी कम होगा जब एक बहु-हितधारक, बहु-क्षेत्रीय प्रयास में प्रभावी हस्तक्षेप और रणनीतियों को बड़े पैमाने पर लागू किया जाएगा।

क्षेत्रीय स्तर पर, राष्ट्रीय और स्थानीय स्तर पर एक साथ कार्य करने का एक अनूठा अवसर प्रदान करता है ताकि वृद्ध लोगों के बीच सामाजिक अलगाव और अकेलेपन को कम किया जा सके। आने वाले दशकों में बुजुर्ग आबादी की वृद्धि अपने साथ देश भर में रुग्णता और मृत्यु दर का अभूतपूर्व बोझ

लाएगी। भारतीय बुजुर्गों के लिए स्वास्थ्य तक पहुँच की प्रमुख चुनौतियों में लिंग और सामाजिक असमानता के अन्य अक्षों (धर्म, जाति, सामाजिक आर्थिक स्थिति और इससे जुड़े कलंक) के आकार की सामाजिक बाधाएँ शामिल हैं। शारीरिक बाधाओं में गतिशीलता में कमी, सामाजिक जुड़ाव में गिरावट और स्वास्थ्य प्रणाली की सीमित पहुँच शामिल है। स्वास्थ्य सामर्थ्य की बाधाओं में आय, रोजगार और संपत्ति की सीमाएँ, साथ ही भारतीय स्वास्थ्य प्रणाली में स्वास्थ्य व्यय के लिए दी जाने वाली वित्तीय सुरक्षा की सीमाएँ शामिल हैं।

भारत की राष्ट्रीय आबादी में वृद्ध लोगों की तेजी से बढ़ती हिस्सेदारी के साथ, वृद्ध व्यक्ति भी मुख्यधारा में अपने उचित हिस्से के लिए संघर्ष करते दिख रहे हैं। वे केंद्र स्तर पर अपना हिस्सा हथियाने के लिए उतावले हैं और राष्ट्रीय क्षेत्र में अपनी उपस्थिति दिखाना चाहते हैं। पिछले दशकों के विपरीत, वृद्ध लोगों की प्रोफाइल में काफी बदलाव आया है। इनमें शिक्षित, सक्रिय, सक्षम, अनुभवी, अच्छी तरह से सूचित और अच्छी तरह

से स्थापित वरिष्ठ नागरिक भी शामिल हैं। उनके प्रोफाइल में नाटकीय बदलाव के साथ, जरूरतों के बारे में उनकी धारणाएँ और इसलिए, अधिकार भी आश्चर्यजनक

> भारत की राष्ट्रीय आबादी में वृद्ध लोगों की तेजी से बढ़ती हिस्सेदारी के साथ, वृद्ध व्यक्ति भी मुख्यधारा में अपने उचित हिस्से के लिए संघर्ष करते दिख रहे हैं। वे केंद्र स्तर पर अपना हिस्सा हथियाने के लिए उतावले हैं

रूप से बदल गए हैं। भारत में जनसंख्या के इस वर्ग की अभूतपूर्व वृद्धि दर के कारण वृद्धावस्था से संबंधित मुद्दे बड़ी चुनौतियों में बदल रहे हैं। मजबूत राजनीतिक और प्रशासनिक इच्छाशक्ति के सहारे सुविचारित नीतियों और उनके कार्यान्वयन की सख्त जरूरत है। हाल ही में, सरकार ने

कई कदम उठाए हैं और अपने हितधारकों को अपने सामाजिक एजेंडे में वृद्ध लोगों को शामिल करने का निर्देश दिया है। वर्षों से वृद्ध लोगों के कल्याण और सशक्तिकरण

> पिछले दशकों के विपरीत, वृद्ध लोगों की प्रोफाइल में काफी बदलाव आया है। इनमें शिक्षित, सक्रिय, सक्षम, अनुभवी, अच्छी तरह से सूचित और अच्छी तरह से स्थापित वरिष्ठ नागरिक भी शामिल हैं।

के लिए कई योजनाएं और कार्यक्रम शुरू किए गए हैं। ऐसा लगता है कि हमारी सरकारों पर देश में 100+ मिलियन बुजुर्गों के मुद्दों को हल करने का दबाव बढ़ रहा है। तेजी से बदलती सामाजिक-आर्थिक परिस्थितियों और पारंपरिक मूल्य प्रणालियों को फिर से परिभाषित करने के साथ,

अधिकांश बुजुर्गों को सामाजिक समर्थन आधार के बिना प्रदान किया जाता है और अधिकांश वृद्ध लोग खुद को प्राप्त करने वाले अंत में पा रहे हैं। सामाजिक सुरक्षा प्रणाली, वृद्धावस्था स्वास्थ्य देखभाल, वृद्ध लोगों का सशक्तिकरण और वृद्ध लोगों के मानवाधिकारों की सुरक्षा ज्वलंत मुद्दे हैं, जिन्हें प्राथमिकता के आधार पर संबोधित करने की आवश्यकता है। ऐसे ढांचे को तैयार करने की तत्काल आवश्यकता है जो समाज में बुजुर्गों के अनुकूल वातावरण सुनिश्चित कर सके, जहाँ लोग अपने बुढ़ापे में सम्मान और अनुग्रह के साथ जीवन व्यतीत कर सकें।

वृद्ध लोगों की तेजी से बदलती जरूरतों और अधिकारों के बारे में जागरूकता पैदा करने और फैलाने, युवा पीढ़ी को बुढ़ापे से संबंधित मुद्दों के बारे में शिक्षित करने और विभिन्न मीडिया के माध्यम से वृद्ध लोगों को सशक्त बनाने की आवश्यकता है। यह सब बड़े पैमाने पर समाज को मुद्दों को समझने, अतीत से सीखने और भविष्य के लिए योजना बनाने में मदद करेगा।

समीर उपाध्याय 'ललित'

मनहर पार्क 96/A, चोटीला - 363520, जिला सुरेंद्रनगर, गुजरात, मोबा - 9265717398

समीर की रचनाएँ

1– आत्म चिंतन

🖋 समीर उपाध्याय 'ललित'

श्रवण- "बड़े भैया, मां की तबीयत बहुत ख़राब है। बेहोश-सी हो गई है। दस्त और पेशाब भी बिस्तर में हो गया है। सांस जैसे बंद हो गई है। लगता है मां अब....।"

भावेश- "अरे! उसकी दिमागी हालत ठीक नहीं है। बच्चों जैसी हरकतें करती है। मेरे घर आई थी तब मैं तो दो दिन में ही तंग आ गया था। बचपने की भी कोई हद होती है। सारा दिन अनाप-शनाप बकती रहती है।"

श्रवण- "लेकिन भैया, आस-पड़ोस के लोग इकट्ठे हो गएं हैं। आप और भाभी जल्दी आ जाइए।"

भावेश- "मैंने कहा न कि किसी मानसिक रोग के डॉक्टर को बताओ।"

क्रोध भरे शब्दों में इतना कहकर भावेश ने फोन रख दिया। इतने में उसका बेटा

संकल्प आया और बोला- "पापा, आप कॉलेज में तो हर रोज़ लेक्चर देते हैं। आज़ मुझे भी थोड़ा मार्गदर्शन दीजिए, क्योंकि मैंने कॉलेज में होने वाली परिचर्चा में हिस्सा लिया है। समझ में नहीं आ रहा कि क्या बोलूं?"

भावेश- "बेटा, परिचर्चा का विषय क्या है?"

संकल्प- "विषय है 'संतान माता-पिता को दे सकती हैं- सिर्फ़ समय'।"

संकल्प की परिचर्चा के विषय को सुनकर भावेश गहरी सोच में पड़ गया और आत्म चिंतन करने के लिए विवश हो गया।

२- अपेक्षा

✍ समीर उपाध्याय 'ललित'

मां, विवेक और अपेक्षा तीनों का एक छोटा सा परिवार था। विवेक अध्यापक था और उसे पढ़ने- लिखने का बेहद शौक था। पत्नी अपेक्षा भी सिलाई, बुनाई और कढ़ाई में खूब होशियार थी।

अपेक्षा- "देखिए जी! आज़ मैंने इस ड्रेस की सिलाई अपने हाथों से की है। उस पर एंब्रायडरी वर्क भी किया है। देखिए तो, यह ड्रेस मुझ पर कितना जचता है!"

विवेक- "आज़ मुझे घर से निकलने में

> मां ने उसके चेहरे को आसानी से पढ़ लिया। इतने में पोस्टमैन आया और उसने चार-पांच पत्रिकाएं अपेक्षा के हाथों में थमा दी, जिसमें विवेक की रचनाएं छपी थी। अपेक्षा ने उन पत्रिकाओं को मेज़ पर रख दिया।

बहुत देर हो गई है। अगर स्कूल देर से पहुंचा तो प्रिंसिपल की सुननी पड़ेगी। ऐसा करो शाम को आकर मैं देख लूंगा।"

अपेक्षा अपनी उपेक्षा महसूस करने लगी। अपेक्षा के चेहरे की रेखाएं बदल गई, लेकिन कुछ बोली नहीं। मां ने उसके चेहरे

को आसानी से पढ़ लिया। इतने में पोस्टमैन आया और उसने चार-पांच पत्रिकाएं अपेक्षा के हाथों में थमा दी, जिसमें विवेक की रचनाएं छपी थी। अपेक्षा ने उन पत्रिकाओं को मेज़ पर रख दिया। आज़ ही नहीं वह हमेशा ऐसा ही करती थी। मां ने एक के बाद एक पत्रिका को पढ़ा और विवेक की लेखनी की प्रशंसा की। लेकिन अपेक्षा ने कोई प्रत्युत्तर नहीं दिया। अपेक्षा के बदले हुए व्यवहार को देखकर मां बोली- "बेटी, जैसे व्यवहार कि हम दूसरों से अपेक्षा रखते हैं वैसा व्यवहार पहले हमें ख़ुद करना पड़ता है।

आए दिन विवेक की पत्रिकाएं घर पर आती हैं, लेकिन तुमने एक भी पत्रिका के पन्ने को खोलकर कभी पढ़ा नहीं। विवेक ने तुमसे यह अपेक्षा नहीं की कि तुम उसकी सराहना करो। मैं बेटे का पक्ष नहीं ले रही। लेकिन आज़ उसे स्कूल पहुंचने में देर हो रही थी। तुम्हारी उपेक्षा का कोई भाव नहीं था। परिस्थिति को देखो और समझा करो। तुम भी मेरी बेटी के समान ही हो। तुम भी सिलाई, बुनाई और कढ़ाई में बहुत ही होशियार हो। लेकिन एक बात को याद रखो

कि पति-पत्नी के रिश्ते की बुनियाद होती है एक दूसरे का सम्मान।

जैसा दोगे वैसा ही पाओगे। यह कुदरत का क्रम है। सारे दुखों की जड़ है- अपेक्षाएं। रिश्तो में व्यापार को हटा दो। फ़िर देखो इस छोटे से घरौंदे में ही स्वर्ग की अनुभूति होगी।"

मां की बात को सुनकर अपेक्षा गहरी सोच में पड़ गई।

महेन्द्र 'अटकलपच्चू'

पिता का नाम – श्री प्रताप सिंह

कार्य – वर्तमान में आर. ई. मिशन जूनियर हाईस्कूल में हिंदी एवं संस्कृत विषय का अध्यापन कार्य।

पता :– आर. आई. मिशन स्कूल कैंपस, सिविल लाइन, ललितपुर (उ. प्र.)– 284403, मोबा - 8858899720

कविताएँ

महेन्द्र की रचनाएँ

भजन

✍ महेन्द्र 'अटकलपच्चू'

जो दुष्टों की चाल नहीं चलता
जो पापियों की राह नहीं जाता
न बैठता खिल्ली उड़ाने वालों के संग
धन्य व्यक्ति है वो कहलाता।। 1।।

जो उसकी व्यवस्था से प्रसन्न रहता
जो चरणों में उसके सदा ध्यान करता
सब काम सफल होते हैं उसके
जिसे स्वयं प्रभु धन्य कहता।। 2।।

है वह उस वृक्ष के अनुहार
जो लगाया जाए सरिता कगार
देता फल अपनी ऋतु में
पत्ते न कभी होते बेजार।। 3।।

दुष्ट लोग ऐसे नहीं होते
नहीं काम सफल उनके होते
लगा जो झोका हवा का उनको
भूसी समान उड़ जाते।। 4।।

दुष्ट लोग कचहरी में न रहेंगे
न पापी धर्मनिष्ठ मंडली में रुकेंगे
जानता है यहोवा मार्ग धर्मी का
पर दुष्ट का मार्ग नष्ट करेंगे।। 5।।

मुक्तक

✍ महेन्द्र 'अटकलपच्चू'

कभी कभी मुस्कुराकर तो देखो
कितने खुश हो बता कर तो देखो
न बदल जाए अंदाज तुम्हारा
कभी किसी को हसाकर तो देखो।। १।।

किसी को हराना मुश्किल नहीं होता
किसी को रुलाना मुश्किल नहीं होता
किसी को जीतना बड़ा सरल है
हार कर जीतना मुश्किल नहीं होता।। २।।

एकांत में समय बिताना चाहता हूं
खुद से ही दूर भागना चाहता हूं
पर क्या करूं इस जीवन का
इस जीवन को बताना चाहता हूं।। ३।।

क्या दिन थे वे बताना चाहता हूं
मन का पर्दा हटाना चाहता हूं
एक साथ कई दुख आ गए सामने
सबको यही बताना चाहता हूं।। ४।।

हर बात कहने को शब्द जरूरी नहीं
बात दिल की है अल्फाज जरूरी नहीं
समझो दिल की बात नजरों से
हर बात जुबां पर आए जरूरी नहीं।। ५।।

बैचेन मन को समझाना जरूरी है
मन में क्या है ये समझना जरूरी है
करते है लोग मन की बातें पर
क्या है मन में बताना जरूरी है।। ६।।

रात बीत गई दुखों की अब हुआ सबेरा
जीत लो दुनिया सारी अब किसने रोका
मंजिल पहुंच का रुकना ओ राही
करेगा स्वागत तेरा जग सारा।। ७।।

क्या बात है आजकल दिखते नही हो तुम
क्या बात है कही खो से गए हो तुम।
रोज मिलते थे खिले फूल की तरह
क्या बात है बेजार से हो गए हो तुम।। ८।।

जिसका साथ दो वो साथ नहीं देता
बीच मझधार में माही साथ छोड़ देता
बड़ी स्वार्थी है ये दुनिया
वक्त आने पर तूफा भी रुख मोड़ देता।। ९।।

देख कर विघ्नों का घेरा, जो घबराते नहीं
दुख भोग बढ़ते आगे, पग पीछे हटाते नहीं
कठिन से कठिन काम, करते तन मन से

आयें मग में तूफां कितने,
पर उकताते नहीं।। १०।।

दुर्दशा

✍ महेन्द्र 'अटकलपच्चू'

जब गिर जाता है
पत्ता टूटकर
साख से.....
अकेला हो जाता है।
उड़ता रहता है इधर–उधर
हवा के झोकों से।
भटकता रहता है
अपनों से दूर होकर
दर दर की ठोकरें खाता हुआ।
कभी टकराता
कभी उड़ जाता
किसी दिन झोंक दिया जाएगा।
यही दुर्दशा होती है अपनों से दूर
होने पर।।

प्रतीक्षा ठाकुर

शिक्षा- ग्रेजुएट (अंग्रेजी), पोस्ट- ग्रेजुएट (जनसंचार एवं पत्रकारिता), कार्य- शिक्षिका, वर्तमान निवास- वाराणसी
स्वतंत्रत प्रकाशित रचना - प्यार!!! (खुशी, दर्द या तड़प),
दिल की कलम से, कुछ खट्टी- कुछ मीठी (लघु कहानियां)
सांझा- संकलन- दोस्ती यारियां मनमर्ज़ियाँ

प्रतीक्षा ठाकुर की रचनाएँ

क्या कहूँ

✎ **प्रतीक्षा ठाकुर**

खुद के बारे में क्या कहूं
थोड़ी सी मैं उलझी हूं
कुछ गढ़ने में असमर्थ हूं
शब्दों की भी बहुत कमी है।

कोई मुझे दबाकर रखे
ऐसा मेरा स्वभाव नहीं
पर हर पल सबसे लड़ती रहूं
इतना मुझमें बल नहीं।

अपने अस्तित्व के खोज में हूं

खुद में खुद को ढूंढ रही
लेखन से जीना सीख रही फिर
अपने मन को खोल रही।

बहुत कुछ देखा- सुना है मैंने
विचारों से भरा दिमाग है
पर कैसे कलम से उतारूं इसे
सी९. कर लूं दुनिया मुट्ठी में

बहुत सुना सबका हमने
बहुत समझाया सबको
मन की मुराद मरती गई
पर माना ना किसी ने

हर पल सबको खुश रखने में

अपने को हारती गई
बहुत उपेक्षा की खुद की
पर समझ न कोई पाया

रोई बिलखी अंधेरे में
अपने टूटते सपने देख
झूठी हंसी लेकर फिरती मैं
पर मेरा हाल न कोई जाने

अब इच्छा मेरी जाग उठी
सपने साकार करने को
बिन माने हार अब मैं
कर लूं दुनिया मुट्ठी में

ये करो वो न करो
का रट्टू सब लगाते हैं
सबकी बातें मैं सुनती
पर मेरा न कोई सुनता है

हर चीज़ पर रोक टोक कर
तुमने मेरा विश्वास डगमगा दिया
अब खुद के आत्मसम्मान के लिए
मैंने खुद को अब जगा लिया

देखा था जो इक सपना
दुनिया को मुट्ठी में करने की
उस सोए सपने को पाने
ज़िद मैंने है ठान लिया

अब ना रुकुंगी ना डरुंगी
चाहे कुछ भी खोना पड़े
कर लूंगी मुट्ठी में दुनिया
चाहे कोई साथ न दे

जो अपने हैं वो मेरी खुशी
सहर्ष स्वीकारेंगे
जो जलते हैं जलते रहें
पर अब हम ना डगमगाएगें।

चांद

✍ प्रतीक्षा ठाकुर

ऐ चांद, तू मेरे प्रियतम से
बस एक शिकायत करना,
लौट कर तू न आया

आज तक

पर फिर भी मैं खड़ी हूं
आज भी उसी मोड़ पर
जहां तू छोड़ गया था
मुझे अकेला।
ऐ चांद, मेरे प्रियतम को
दे दे मेरा संदेश,
बहुत चाहती हूं मैं
उसे आज भी।
यह दूरी भले समय के
साथ है बढ़ती गई,
मगर हमारा प्यार है
आज भी वही।
कोई भी नहीं भाया मुझे
आज तक तुझ जैसा,
तो कैसे बसा लूं
मैं अपना जहान नया।

वह चांद शायद आज मुझसे
है कुछ कह रहा,
शायद मेरे प्रियतम ने
है मुझे याद किया।
उस चांद की रोशनी में है

आज कुछ बात अलग,
शायद मेरे प्रियतम ने है
कुछ संदेश भेजा नया।

ऐ चांद, तेरा शुक्रिया
जो तूने दिया संदेशा उनका,
बिता लूंगी पूरा जीवन
उनके इंतजार में

मोहब्बत है उन्हें भी
हमसे यह जानकार।

प्रकृति

✍ **प्रतीक्षा ठाकुर**

ऐ प्रकृति,
तेरा क्या कहना
जब भी बैठती हूं
मैं अकेले में
तेरे आंचल में मिलता है
प्रेम बेशुमार।
जब भी आंखें नम होती
तो
तेरे दामन में मिलता है
आराम।
तेरी सुंदरता मोहती है
मुझे हर पल
लगता है
सब अपने है
साथ मेरे।

चांद की रोशनी,
वो ओस की बूंदे
जब पड़ती है
मेरे बदन पर
तो होती है अलग ही अनुभूति।
वह चिड़ियों का चहचहाना,
वो मस्त हवाओं का बहना
मेरे अंतर्मन को
भेद सी जाती है।
फूलों की खुशबू
और
बागों में झूले
कई गुल खिलाते हैं,
मानो तुझ सा प्यारा
इस संसार में
कोई और नहीं।

मुदित कुमार गुंजन

मुदित युवा कवि हैं और आपकी कई साझा संकलनों में रचनाएं प्रकाशित हो चुकीं है। आपने अब तक कई रचनाओं का सृजन किया है। लेखक की रचनाएं कई पत्र पत्रिकाओं में समय - समय पर प्रकाशित होती रहती हैं। लेखक कविता कहानी एवं सभी विधाओं में लिखते हैं।

मुदित की रचनाएँ

गणेश-वंदना

✍ मुदित कुमार गुंजन

प्रथम तुम्हारी पूजा हो,
नर नारायण स्वीकार किया।।
गणपति तेरा सुमिरन है....
पुस्तक त्रिशूल हाथों में है,
मूष सवारी करता है।
पान फूल सब चढ़ता है,
लड्‌ भोग भी लगता है।।

द्वारे तिहारे संतन है वंदन तेरा....
गणपति तेरा सुमिरन है......
गौरी तेरी माता,

पिता शंकर कहाता है।
रिद्धि सिद्धि चवार डूलाता है,
महिमा तेरा गाता है।।

खोलो भव का बंधन है वंदन तेरा.
गणपति तेरा सुमिरन है....
जिसने तुमको धाया है,
मन वांछित फल पाया है।
नारद भी गुण गाया है,
शंकर तुझे भी ध्याया है।।

चार भुजा तू धारण है वंदन तेरा..
गणपति तेरा सुमिरन है.....
हम सब तेरे शरण में है,
वंदन तेरा सुमिरन है।।

देवी मां भजन

✍ मुदित कुमार गुंजन

दर पर तेरे जो आके,
मां गुणगान किया है।।
पापी से भी.......
भर दी तू खाली झोली,
सबकी हे भवानी
सबकी हे भवानी
मुंह मांगा तूने,
मुंह मांगा तूने सबको मां
वरदान दिया है।
दर पर तेरे जो... पापी से भी....
तू ही तो दुर्गा माता,
तू ही तो हो काली।
तू ही तो हो काली
चामुंडी खप्पर
चामुंडी खप्पर वाली,
सब ने नाम दिया है।
दर पर तेरे... पापी से भी...
नजरें जहां पड़ती है,
तहां दुख न निशानी

तहां दुःख न निशानी
जीवन ने, जीवन ने मुझको मां,
अब हैरान किया है।
दर पर तेरे... पापी से भी.....
अब भी तो उबारो मां
तू अपना समझ के,
तू अपना समझ के,
अब तेरे सिवा, अब तेरे सिवा ना कोई
फरमान किया है।
दर पर जो... पापी से भी.....

हिंदुस्थान का झंडा

✍ मुदित कुमार गुंजन

बड़ा ही शान का झंडा,
बड़ा अभिमान का झंडा।
बढ़ाता देश का गौरव,
अलग पहचान का झंडा।

इसी झंडे की खातिर हम,
हजारों सर कटाएं हैं।

है अरमान का झंडा,
और स्वाभिमान का झंडा।
कितनी कुर्बानियां दी है,
कितने जान गवाएं हैं।
वीरों की जान का झंडा,
सभी कुर्बान का झंडा।

यह झंडा अनोखा है,
बहुत ही भेद हैं इसमें।
तीन रंगों से बना है यह,
अति पहचान का झंडा।

ऊपर में केसरिया रंग,
मेरी हिम्मत बढ़ाती है।
सच्चाई को भी दर्शाता,

सादगी- ज्ञान का झंडा।
उस पर चक्र है घूमता,
हैं चौबीस तिलियां जिसमें।
कहता है निरंतर बढ़,
बहुत गुणवान है झंडा।

हरा रंग यह बताता है,
कि धरती है हरी मेरी।
अन्न-धन से सदा सम्पन्न,
गुण की खान है झंडा।

चलें हम प्रगति पथ पर,
यही हो लक्ष्य जीवन की।
प्रतीत होता सदा मन में,
और बढ़ाता मान है झंडा।

आसिया फारुकी

लेखिका उत्तर प्रदेश के फतेहपुर जिले में प्राथमिक विद्यालय में प्रधानाध्यापक के पद पर कार्यरत हैं। आप बच्चों को क्रिएटिव तरीके से शिक्षा प्रदान करने के लिए सक्रिय हैं।

कहानी

कशमकश और कब तक

वक्त कभी एक जैसा नहीं रहता, जरूरी नहीं जो आज हमारी जिंदगी में बहुत खास हो जिसके बिना हम एक दिन क्या कुछ घंटे भी नहीं बिता पाते हैं, एक वक्त ऐसा आए कि हमें उनसे मिलने की ना उतनी खुशी हो ना उनसे दूर होने का कोई खास मलाल हां मगर कसक तो दिल के किसी कोने में बनी ही रहती है, कसक सिर्फ खोने की ही नहीं हर उस बात जो वक्त के साथ दिलो-दिमाग से फिसलती गई रेत की तरह और जिंदगी में आया सैलाब सब कुछ बहा कर ले गया बचे तो सिर्फ कूड़े कंकड़ के कुछ छूटे निशान बात बस इतनी है यह भी नहीं *कि भूल गई हूं, यह भी नहीं की याद आते हैं, पहले जो सबसे पहले आते थे, आज वह सब के बाद आते हैं*।

इंसान अपनी जिद और व्यवहार से जिसे चाहे अपना बना ले जिसे चाहे पराया कर दे। सब उसी के हाथ में ही होता है, अमायरा बंद आंखों से पुराने दिनों में खो गई जब वह कबीर के साथ बहुत खुश थी। वह कॉलेज की सबसे हसीन लड़की कहीं जाती थी, दिल की भी खूबसूरत काम में भी अच्छी हर किसी की जुबान पर उसी के चर्चे होते

थे। अमायरा को कबीर की मस्तियां उसका हाज़िर जवाब होना भाने लगा कबीर भी उसे चाहने लगा। वह कबीर जो हर शाम अमायरा से मिलने आता ढेरों बातें करता। रोज़ कुछ ना कुछ लेकर आता अमायरा खुशी से उसको अपनी हर अच्छी बुरी बात बताती उसे ऐसा लगने लगा कि कबीर के मिल जाने के बाद अब उसे किसी और की कोई जरूरत ही नहीं कहते हैं।

मगर कहते हैं ना यक़ीन और भरोसा सिर्फ ऊपर वाले पर ही करना चाहिए किसी इंसान में वह ताक़त कहा कि वह हमारी हमेशा मदद कर सके। अमायरा में कोई कमी न थी वह दिल की गहराइयों से कबीर को चाहती थी। लेकिन जब हम किसी को ज़्यादा चाहने लगते हैं, तो उसको हमारी क़दर नहीं होती है। यही चीज़ यहां भी हुई अमायरा को जब कबीर की सबसे ज्यादा जरूरत थी तो वह उसका साथ छोड़ गया। अब अमायरा की जगह कबीर की जिंदगी में कोई दूसरा था। कई साल अमायरा अकेले घुलती रही दुखी रही दोनों के बीच खाई जैसी दूरियां थी। अगर यही हालात रहते तो अमायरा खुद को संभाल लेती पर दिक्कत जब और हुई जब अमायरा बहुत आगे निकल चुकी थी। मगर कबीर की कसक उसके दिलो दिमाग में घर कर चुकी थी। अमायरा को रविशा और आदिल जैसे दोस्तों ने संभाला था। हर कदम पर उसका साथ दिया, अमायरा अब फिर से कॉलेज की

जान बन चुकी थी। इस बार कबीर कहीं नहीं था।

अमायरा की कामयाबी के चर्चे दूर-दूर तक फैलने लगे। वह भी वक्त के साथ सब कुछ भूलने लगी थी। अमायरा फिर से थोड़ा बहुत खुश रहने लगी। पर जिंदगी में खुशियां जैसे ज्यादा देर तक दिखती ही नहीं

> हर बात पर झगड़ा, रोकना, टोकना उसकी गलतियां निकालना, अमायरा समझ नहीं पा रही थी, कि कबीर से कैसा रिश्ता रखें, कबीर उसी तरह का हक़ जताने लगा उसे दोस्त बनकर रहने की सलाह देता। वह ताने मारता।

हो अच्छे दिन जल्दी बीत जाते हैं बुरे वक्त जल्दी गुजर नहीं पाते इस बार कबीर की वापसी अमायरा की जिंदगी मे एक भूचाल ला कर रख दी कबीर फिर से अमायरा से मिलने आने लगा।

पुरानी चाहत होने की वजह से अमायरा उसे अभी भी इग्नोर नहीं कर पाती। इस बार का कबीर वह कबीर नहीं था जिसे वह कभी चाहती थी। यह तो कोई सौदेबाजी था। हर बात पर झगड़ा, रोकना, टोकना उसकी गलतियां निकालना, अमायरा समझ नहीं पा रही थी, कि कबीर से कैसा रिश्ता रखें, कबीर उसी तरह का हक़ जताने लगा उसे दोस्त बनकर रहने की सलाह देता। वह ताने मारता। ना खुद सुकून से जीता उसे जीने देता दोनों परेशान रहने लगे। तभी पीछे से फोन की घंटी बजी अमायरा ने आंखें खोली तो देखा फैसल का फोन था। यह वही फैसल था। जो अमायरा को हर पल संभालता था फोन उठाकर अमायरा ज़ोर ज़ोर से रोने लगी फैसल समझ गया अमायरा कबीर की वजह से ही परेशान है।

वह बोल कुछ नहीं पाई पर उसने अपने अंदर एक फैसला किया कि वह कबीर के कहने पर अपने किसी भी दोस्त का दिल नहीं दिखाएगी। कबीर उसको सबसे दूर करना चाहता था। वह सोचती रही कि क्या

यह वही कबीर है जो मेरी आंखों में एक भी आंसू नहीं देख पाता था। जो मुझे आज दिन रात रुला रहा है। उसने फैसला लिया कि कबीर के लिए दिल में बसे उस प्यार को अब मारना ही होगा। प्यार मुझे कमज़ोर बना देगा, और अमायरा मज़बूत बनना चाहती थी।

अमायरा आंसू पोंछ कर उठी और उसने कबीर का नंबर अपने फोन से डिलीट कर दिया जो वह पिछले कई सालों में ना कर पाई थी। आज हिम्मत जुटाई और दिखाया स्वाभिमान के साथ समझौता नहीं गवारा। अमायरा ने सब कुछ छोड़कर दूर चले जाने का फैसला लिया अपना कुछ जरूरी सामान उठाया और ट्रेन में बैठ कर कहीं दूर चली गई।

वह भी नहीं जानती थी कि वह कहां जा रही है उसको वह पुराने सारे वादे याद आ रहे थे, जो उसके साथ कभी कबीर ने किए थे जिसे वह बहुत प्यार करती थी। जिसके ऊपर खुद से ज्यादा भरोसा करती थी। जिसके ऊपर आंख बंद करके विश्वास किया उसने वह अपने अनुसार चीजों को

बदल कर दूसरी दिशा में ले जा रहा था। जो कल तक उसका था वह और किसी और का यही जीवन की हकीकत है।

अमायरा ने अपनी जिंदगी फिर से शुरू की धीरे-धीरे वह कामयाब होने लगी समाज में उसकी पहचान बनने लगी उसने अपनी मेहनत और जज्बे से अपना छोटा सा

वह भी नहीं जानती थी कि वह कहां जा रही है उसको वह पुराने सारे वादे याद आ रहे थे, जो उसके साथ कभी कबीर ने किए थे जिसे वह बहुत प्यार करती थी। जिसके ऊपर खुद से ज्यादा भरोसा करती थी।

आशियां बनाया। समाज के लिए गरीबों के लिए अच्छे अच्छे काम करने लगी खुद पर भी ध्यान देने लगी अपनी पहचान और नाम के साथ अब वह आगे बढ़ती जा रही थी।

चारूमित्रा

पता - एम.आई.जी- 82, एच.एच.कॉलोनी,
रांची-834002

जोसेफा

अमावस की काली रात मानो किसी अपशकुन का संकेत कर रही! पत्तों की सरसराहट में एक अजीब सा डर, मालती प्रसव पीड़ा से कराह रही, पास में ही नर्स खड़ी, बेटी का जन्म, नर्स खुशी से यह मालती को बताती, मालती बेटी हुई है और यह क्या मालती की आंखें तो सदा के लिए बंद हो गईं! चारों ओर सन्नाटा फैल गया, नर्स उस मासूम बच्ची को अपने घर ले आई!

नाम रखा जोसेफा, धीरे धीरे जोसेफा बड़ी होने लगी, कान्वेंट में पड़ने लगी, कुशाग्र बुद्धि और संस्कारी, गणित के प्रश्न तो जबानीयाद रहते पर उसके मन एक टीस रहती, हांलाकि नर्स मां उसे कभी मां-बाप की कमी होने नहीं देती पर उसका अपना परिवार और बच्चे उनके बीच वह अपने को पराया महसूस करती।

जोसेफा कॉन्वेंट के गर्ल्स हॉस्टल में रहने आ गई। हॉस्टल में अपने को ज्यादा सहज

महसूस करती। समय गुजरता गया।

आज जोसेफा दसवीं कक्षा में पहुंच गई है। उसने अपनी पूरी जान लगा दी और अंत में प्रथम श्रेणी में प्रथम आई। इसके बाद सेंट जेवियरकॉलेज में उसका दाखिला हो गया वहां से उसने 12वीं की परीक्षा प्रथम श्रेणी में उत्तीर्ण की! इसकेबाद वह नर्स की ट्रेनिंग के लिए चली गई और एक अच्छी नर्स बन वहां से निकली।

गांव में ही एक हॉस्पिटल में वह नर्स का काम करने लगी और वहीं रहकर एक छोटी सी संस्था बनाई उसका नाम रखा" मदर'!धीरे-धीरे व संस्था उसकी फलने-फूलने लगी और वह एनजीओ की सहायता से उसे बड़े से कैंपस में तब्दील कर ली।

जोसेफा को पता चलता है कि उसकी नर्स मां की तबीयत बहुत खराब है। वह उसे देखने के लिए जाती है। नर्स मां बिस्तर पर पड़ी कराह रही थी। पास में ही जोसेफा उसके बैठ जाती है और उसके सर को सहलाने लगती है।

ऐसा लग रहा था जैसे 9 वर्ष बाद अपने बच्चे का स्पर्श पाया हो धीरे-धीरे उसने

अपनी आंखें मूंद ली। सारे गांव की" मदर 'आज फिर से अनाथ हो गई। वह नर्स मां के पास घुटने टेक बैठ गई और जोर-जोर से रोने लगी और कहने लगी - नर्स मां!

> नर्स मां बिस्तर पर पड़ी कराह रही थी। पास में ही जोसेफा उसके बैठ जाती है और उसके सर को सहलाने लगती है। ऐसा लग रहा था जैसे 9 वर्ष बाद अपने बच्चे का स्पर्श पाया हो धीरे-धीरे उसने अपनी आंखें मूंद ली।

आपने मुझे फिर से अनाथ कर दिया उसकी संस्था में बच्चों की संख्या बढ़ने लगी। गांव के सभी अनाथ बच्चे उसमें रहने लगे उन्हें अपने मां की कमी, महसूस नहीं होती क्योंकि मदर उनके साथ हमेशा रहती, पर नर्स मां के जाने से पूरे गांव की मां अपने को अनाथ मान रही थी!

आशा शुक्ला

लेखिका उत्तर प्रदेश के शाहजहांपुर जिले की निवासी हैं।

कहानी

जब ये न होंगे

चिलचिलाती धूप में पसीने से तर जय और वरुण हाँफते हुए एक पेड़ की घनी ठंडी छाया में जा बैठे। एनजीओ के दिए गए टास्क में उन्हें पंद्रह साल तक के अति कुपोषित बच्चों की सूची बनानी थी। काम तो जैसे तैसे पूरा हो गया।

"कमबख्त लगता है पूरे गाँव के बच्चे कुपोषित हैं। " जय बड़बड़ाया। वरुण ने उसकी बात में हामी भरी।

दोनों ने अपने पास रखी बोतल से पानी पीकर सूखे गले को तर किया और बैठ गए। हल्की हवा डोली तो पत्ते हिलने लगे। थोड़ी राहत मिली।

उसका मन खिन्न था गांव का हाल देखकर उसे गाँव वालों पर क्रोध आ रहा था। गांव के बाहर जो तालाब था वह आधे से ज्यादा तो

लोगों ने घेर रखा था। उसे पाटकर उस पर मकान बना लिए थे। जो बचा खुचा था वह गंदगी से पटा पड़ा था। चारों तरफ जानवर चर रहे थे और जगह-जगह पर कूड़े के ढेर पर सुअर अपनी क्षुधापूर्ति कर रहे थे। उसने आसपास के कई गाँवों में घूमकर सूची बनाई थी तकरीबन हर गांव का यही हाल था। जय ध्यान से पेड़ के पत्तों को देखने लगा देखते-देखते कहीं खो गया। शहरी मकानों में पेड़- पौधों की गुंजाइश नहीं होती।

उसका ध्यान अपने मकान में रखें गमलों में जा अटका। उसकी छोटी सी बेटी रोजाना उनमें लगे फूल के पौधों में पानी डालती है। खुद वो भी तो गांव की खुली हवा में पला बढ़ा है। स्वच्छ पानी की नदी में नहाया है। तब इतनी गंदगी तो नहीं थी। अब क्या

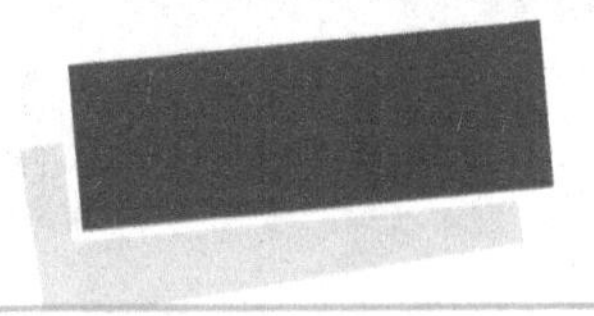

हम जितने आधुनिक होते जा रहे हैं उतने ही प्रकृति के दुश्मन बनते जा रहे हैं?

उसे लग रहा था कि कहीं कुछ कमी है....... अरे! सुन कर तो देखो.....

प्रकृति स्वयं अपने रहस्य के आवरण को उतारकर रख देती है। बस! समझने के लिए मन चाहिए। कानों में सरसराते पत्ते मर्मर ध्वनि के साथ अपनी अनकही व्यथा की टीस धीरे-धीरे वातावरण में घोल रहे हैं।

यह शायद दूसरा नगर है। यहाँ कुम्हलाया हुआ पेड़ है। विषैली हवा है। गंदा पानी है। सभी अपनी अपनी व्यथा एक दूसरे को सुना रहे हैं।

पेड़ कह रहा है:- "हाय मुझे प्यास लग रही है। मैं मरा जा रहा हूँ। सूख रहा हूँ। कहीं से मुझे जरा पानी तो मिलता। मैं हाँफ रहा हूँ, , बहन हवा! सुन रही हो?

हाँ सुन रही हूँ! मैं दूसरों को क्या साँस दे सकती हूँ जबकि मेरी दम खुद घुटी जा रही है। जाने कितनी जहरीली गैसें मुझमें घुल मिल गई हैं। हवा गर्म धौंकनी की तरह हांफती हुई अपनी मजबूरी पेड़ को बता रही है। हवा की निगाह पानी पर जाती है और वह पेड़ को बताती है :-तुम्हारा काम तो चल

गया। वो रहा पानी!!

पानी कराहकर जवाब दे रहा है :-"मैं कहां दूसरों को सींचने के काबिल रहा हूँ? पहले मुझ में देखिए गंदगी का कितना ढेर है? मैं तो पहले से ही जहरीला बन चुका हूँ?

हाँ सुन रही हूँ! मैं दूसरों को क्या साँस दे सकती हूँ जबकि मेरी दम खुद घुटी जा रही है। जाने कितनी जहरीली गैसें मुझमें घुल मिल गई हैं। हवा गर्म धौंकनी की तरह हांफती हुई अपनी मजबूरी पेड़ को बता रही है।

हवा और पेड़ ने निराशा से देखा।

सचमुच पानी काला पड़ चुका है। उसमें जो कूड़ा डाला गया है उससे सड़ कर बड़ी ही दुर्गंध आ रही है। मैंने क्या-क्या नहीं दिया इंसान को। जड़ से लगाकर पत्ती तक मेरा सर्वांग तो काम आता है। जड़, , , , जड़ की

छाल लकड़ी, सभी तो मेरा फायदा उठाते हैं। बदले में मुझे क्या मिलता है?

"बिल्कुल वही हाल मेरा भी है भाई। हवा, पानी एक साथ बोले -" हम तो किसी से कुछ लेते नहीं ....बस देते हैं। लेकिन मनुष्य नामक जीव में कितना स्वार्थ भरा है? यह नहीं सोचता है कि जब हम ही नहीं रहेंगे तो तुम्हें सांस कहां से मिलेगी? पीने के लिए पानी कहां से मिलेगा?

"काफी देर हो गई है। चलो चलते हैं। क्या सोने लगे?" वरुण की आवाज सुनकर जय चौका।

"हां वरुण चलते हैं। सोया नहीं हूं बल्कि अब जागा हूँ। वरुण! अब हमें एक नई अलख जगानी होगी। नई मुहिम चलानी होगी। अपने पर्यावरण को बचाने की। अपने पेड़-पौधों को बचाने की। पानी को स्वच्छ रखने की। हवा को शुद्ध करने की।

प्रकृति के रखवाले, प्रकृति को बनाने वाले इन जीवनरक्षकों, की आवाज सुनो, , , जब यह नहीं रहेंगे, , तो हम भी नहीं रहेंगे।"

वरुण ने मुस्कराकर उसका समर्थन किया।

डॉ. लोकेन्द्र सिंह कोट

संप्रति- शासकीय चिकित्सा महाविद्यालय, रतलाम में अध्यापन, देश के विभिन्न समाचार पत्रों, पत्र-पत्रिकाओं में आलेख, व्यंग्य लघुकथाएँ, कविताएँ, कहानियाँ प्रकाशित। हाल ही में कलमकार प्रकाशन से प्रकाशित उपन्यास, 'कुछ तो कहो गांधारी' चर्चा में है।

खत लिख दे सांवरिया के नाम बाबू

आज जिन ईमेल, व्हाट्सएप, फेसबुक, ट्विटर, फोन पे, गूगल पे ने स्थान लिया है वह सारा कार्य एक ही के जिम्मे था और वो था डाकिया। पत्र, तार, मनीआर्डर के माध्यम से संदेशे आते थे, खर्चे के रुपए आते थे। डाकियों ने भी उस कबूतर पत्र वाहन सेवा को बदल कर अपने हाथ में लिया था। बदलाव तो प्रक्रिया का अंश है लेकिन उनके साथ जुड़ी संवेदनाओं में बहुत अंतर होता है। जहाँ खत, तार, मनीआर्डर में एक विशेष अपनापन संलग्न होता था जो डाकिए से लेकर उस खत से जुड़ा होता था।

कुशलता की कामना से शुरू होते खत, बड़ों के चरणस्पर्श पर खत्म होने वाले खतों में रहता था सारा जहान होता था, भावनाओं का सैलाब होता था जो मजबूर करता था उसे बार बार पढ़ने को। जो लिखा रहता था उससे कई गुना जो नहीं लिखा होता था वह अंदर से उद्वेलित करता था, उस पर आटे या मिट्टी के निशान भी बहुत कुछ कहते थे।

खत क्या उनके अंदर गांव भी होता था, घर परिवार के साथ आस पड़ोस, खेत खलियान, आम अमराई, शादी, ब्याह, सुख दुख का एक हिसाब होता था जिसमें अंत

में बाकी रहता था प्रेम, स्नेह, अभिनंदन। कुछ पैसों की मांग भी होती थी और सभी बात में पहले लिखा होता था, हो सके तो......। कोई चिट्ठी मां की बेटे को, पिता की पुत्र को, पति की पत्नी, प्रेमी की प्रेमिका को, भाई की बहन को..... कई कई रिश्ते निभते थे खतों से। संवाद का यह सिलसिला आज आसान जरूर हो गया लेकिन बहुत सारी संवादहीनता को उभार गया। रिश्ते सोशल मीडिया पर निभाने लगे जिनमें औपचारिकता और दिखाटीपन ज्यादा है। संदेशों की बाढ़ ने संदेश के मूल्य को भी कम कर दिया। दोस्ती-दुश्मनी तक सोशल मीडिया पर होने लगी और साथ में साईबर अपराध भी।

महीने में एक या दो खतों के लिए जो इंतजार रहता था, उसमें शामिल था, सच्चा, प्रेम, स्नेह, आत्मीयता, वात्सल्य, श्रृंगार जिसमें दिखावटी जरा भी नहीं था, सब कुछ सहज, निर्मल था। तार आते थे तो मन शंका से भर जाता था, मन में वे सब लोग दौड़ जाते थे जो वृद्ध हो चले थे। कहीं किसी अनहोनी के लिए तार हाथ में लेते तो पता चलता छोटे

> महीने में एक या दो खतों के लिए जो इंतजार रहता था, उसमें शामिल था, सच्चा, प्रेम, स्नेह, आत्मीयता, वात्सल्य, श्रृंगार जिसमें दिखावटी जरा भी नहीं था, सब कुछ सहज, निर्मल था। तार आते थे तो मन शंका से भर जाता था

का साक्षात्कार के लिए बुलावा आया है। मन शंका से उठकर तुरंत उमंगों में बहने लगता। यह उमंगें ही जीवन के वे पल थे जो मन में खुशियों की फसल बो जाते और फिर इंतजार करते कि छोटे की नौकरी लगने का कोई तार आएगा। रोज इंतजार रहता डाकिए बाबू का। दूर कहीं दिखता तो पेट में अलग प्रकार की हरकत होती। डाकिया बगैर कुछ कहे निकलता तो मन कुछ पल के लिए ठंडा पड़ जाता लेकिन फिर कल आने की उम्मीद लहलहा जाती।

इस इंतजार के सिलसिले में जो मजा रहता था वह मंजिल मिल जाने के बाद उतना नहीं रहता। इसलिए कहते हैं कि यात्रा, मंजिल से ज्यादा महत्वपूर्ण है।

खतों को लेकर दिवानगी ऐसी रहती थी कि हर एक खत सलीके से रखा होता था, उस एक फाईल में, दिल के करीब। बेटी अपने ससुराल में उस खत को बार बार पढ़ती जिसमें मां ने उसे शिद्दत से याद किया होता है। पिछले दिनों वही मां इस दुनिया में नहीं रही और बेटी उन्ही खतों को डबडबाती आँखों से धुंधले दिखते शब्दों के बीच ढूँढ़ रही होती है। आखरी लाईन पढ़कर बुक्का फाड़कर रो देती है जिसमें लिखा था, तू चिंता मत करना इस ग्यारस के बाद तुझसे मिलूँगी, खूब बातें करेंगे....., तेरी

पसंद का अचार भी ला रही हूँ। इसे पढ़कर रोना इसलिए भी दुगना हो जाता है क्योंकि इस खत के मिलने के पूर्व ही मां के दुनिया छोड़ने का तार मिल गया था।

प्रेम पत्रों का मायाजाल ही अलग था। रहते कहीं थे और पता और कहीं का देते थे। इस तरह हमेशा एक तीसरा होता था, दो

> प्रेम पत्रों का मायाजाल ही अलग था। रहते कहीं थे और पता और कहीं का देते थे। इस तरह हमेशा एक तीसरा होता था, दो प्रेमियों के बीच। कोई सहेली या दोस्त। जैसे उस बेचारे या बेचारी को तो ब्रम्हचारी ही रहना है।

प्रेमियों के बीच। कोई सहेली या दोस्त। जैसे उस बेचारे या बेचारी को तो ब्रम्हचारी ही रहना है। वैसे प्रेम भी इन्ही अनजाने संतों के माध्यम से परवान चढ़ता था। बूढ़े डाकिया

बाबू इन हरकतों से बनते अनजान थे परंतु उन्होंने यूँ ही अपने बाल धूप में सफेद थोडे किए होते थे। वे उद्धव बन कर कृष्ण और गोपी का मिलन करवाते थे। प्रेम पर पहले पहरे बहुत थे और ऐसे में खतों का आदान, प्रदान के लिए अतिरिक्त कुशलता की अवश्यकता होती थी। घर-बाहर, गली-मोहल्लों, स्कूल-कॉलेजों में कोई सीसीटीवी कैमरे नहीं लगे होते थे लेकिन यहाँ के बढ़े-बूढ़े, बच्चे सीसीटीवी कैमरों से ज्यादा मुस्तैद होते थे। खतों की चोरी पकड़ी जाने पर मान-मनवार, क्षमा-खफा का बेहद रोचक परिदृश्य प्रकट होता था। कई बार तो लोग एक-दूसरे को राखी बंधवाकर ही मानते थे। इतना होने के बाद भी शीरी-फरहाद, हीर-रांझा, सोहनी-महिवाल, रोमियो-जूलिएट निकल ही आते थे। कहते हैं न कि प्रेम गली अति सांकरी, जा में दो ना समाय। खत और डाकिए ही दोनों को एक करने में महत्वपूर्ण भूमिका अदा करते थे।

कई खत इतनी देर कर देते कि आँसू में बदल जाते। पिता का लिखा खत पुत्र को नहीं मिला जिसमें कुछ रुपए भेजने के

लिए लिखा था। यह देरी पुत्र के प्रति भाव भी नकारात्मक कर गया। दुआ की जगह कोसने ने ले ली। लेकिन देर-सबेर जब खत मिला पुत्र ने तुरंत रुपए भेजे और भाव भी फिर बदल गया, दुआएँ निकलने लगी और अपनी सोच पर अफसोस भी हुआ। ऐसे ही एक खत यथास्थान, समय पर ना पहुँच कर गलतफहमी की दीवार खड़ी कर दी जिसे मिटने में बहुत देर हो गई और गलतफहमी लेकर ही दुनिया से अलविदा हो गया। जब खत, "एड्रेस नॉट फाउंड" के साथ वापिस आया तो विधि के विधान से रूबरू हो पाए।

खतों के बैरंग होने की अपनी कहानी है। देरी से पहुँचने या फिर उस खत को निश्चित पहुँचने के लिए बैरंग रखे जाते थे और जहाँ खत देना होता उसे पंजीकृत खत की भाँति हाथ में देकर पेनल्टी वसूल की जाती। बैरंग खतों का गणित इतना निराला था कि पता चल जाता कि कानपुर वाले काका साहब का है या फरीदाबाद वाली मामी का है। वो कहते हैं ना कि खत का मजमून भाँप लेते हैं लिफाफा देखकर। बैरंग खतों में अक्सर

रंगहीन खबरें ही हुआ करती थी। कहीं की ईंट, कहीं का रोड़ा, भानुमति ने कुनबा जोड़ा की तर्ज पर ईधर उधर की चुगलखोरी से भरे खत। इसलिए शायद बैरंग नाम पड़ा हो। होली-दिवाली पर डाकिया बाबू की खातीरदारी होती तो अपने पान वाले लाल दाँतों से खूब ठहाका लगाकर हँसते। वैसे भी उन्हे हर घर का पता यूँ ही याद हो जाया करता था और किसी ने पता इधर उधर भी कर दिया तो भी शर्मा जी का खत शर्मा जी के घर पहुँच जाता था। आज ईमेल में एक शब्द बदल दो तो नहीं पहुंचाता है जगह पर।

पोस्टकार्ड का कोना फटा होता तो उसे घर के अंदर नहीं लाया जाता, उसमें कोई मनहूस खबर ही लिखी होगी। अब उस पोस्टकार्ड का कोना भी शायद इसलिए काटते होंगे कि जाने वाला अपने साथ ले गया है आपकी यादें। कई बार तो प्रेमी भी जीते जी पोस्टकार्ड कोना फाड़कर भेज देते कि कम लिखे को ज्यादा समझना, अब हमें भूल जाना, जमाना नहीं मिलने देगा..... इस तरह मोहब्बत की मौत भी अभिव्यक्त होती थी। कई तो दूसरों की शेरो, शायरी लिखते-

लिखते अच्छे खासे शायर बन जाते थे। किसी खत पर लिखा होता, "खत जो लिखा मैंने इंसानियत के पते पर, डाकिया ही चल बसा वो शहर ढूंढते ढूंढते।" किसी को मोहब्बत तो किसी को खत तो किसी को बेवफाई तो किसी हरजाई को कवि, गीतकार, शायर,

लेखक बना देते थे।

मीरा होती तो गिरधर को न जाने कितने खत लिखती, डाकिया भी मंदिर जा जा कर निहाल हो जाता। कबीर तो तुरंत कह देते, मत कर काया को अभिमान, काया गार से काची, जैसे ओंस रा मोती। तुलसी तो हर खत पर बस राम लिखते, शबरी सीता-राम लिखती। गोपियाँ खत को दूर फैंकती, कहती तुम ही आओ कान्हा, खतों में वो बात नहीं और दूर एक शायर कहता, "विरहिन का दर्द क्या जाने डाकिया वो तो बस हरकारा है। इंतज़ार की घड़ियाँ बहुत कठिन हैं बस ख़त ही सहारा है।" जरा विरहणी की पीड़ा को और गहराई से महसूस किजिए,

'खत लिख दे सांवरिया के नाम बाबू
कोरे कागज पे लिख दे सलाम बाबू
वे जान जाएंगे, पहचान जाएंगे।
कैसे होती है सुबह से शाम बाबू

इसके आगे हसरत जयपुरी जी का लिखा यह गीत कहाँ ले जाकर छोड़ेगा पता नहीं-

'मेहरबां लिखूँ, हसीना लिखूँ या दिलरुबा लिखूँ, हैरान हूँ कि आपको इस खत में क्या लिखूँ?'

जिसकी जैसी सोच

✍ सौरभ दीक्षित SD

जिसकी जैसी सोंच
उसको वैसी ही दिशा मिलती है
काँटों मे रहके भी गुलाब की
हर कली खिलती है
जो बैठे रहते है उम्र भर
किस्मत के इंतज़ार में
उनको कभी न उम्मीद के
अनुरूप मंज़िल मिलती है

✉ नौगाव छतरपुर मध्य प्रदेश

अंकुर सिंह

हरदासीपुर, चंदवक जौनपुर, उ. प्र. -222129.
मोबाइल - 8367782654

पंच से पक्षकार

हरिप्रसाद और रामप्रसाद दोनों सगे भाई थे। उम्र के आखिरी पड़ाव तक दोनों के रिश्ते ठीक-ठाक थे। दोनों ने आपसी सहमति से रामनगर चौराहे वाली अपनी पैतृक जमीन पर दुकान बनाने का सोचा, ताकि उससे जो आय हो उससे उनका जीवन सुचारू रूप से चल सके।

दुकान का काम चल ही रहा था तभी हरिप्रसाद और रामप्रसाद के बीच कुछ बातों को लेकर विवाद हो गया और उनमें बातचीत होना बंद हो गया। जिससे उनकी दुकान का काम भी रुक गया। दोनों एक दूसरे पर खूब आरोप-प्रत्यारोप भी लगाने लगे। बढ़ते विवाद को देख उसे सुलझाने के लिए उनके पड़ोसियों ने मोहल्ले के कुछ लोगों को जुटाकर एक पंचायत बुलाई, परन्तु पंचायत के सामने भी दोनों आपसी विवाद को खत्म करने के लिए तैयार नहीं हो रहे थे। बल्कि एक दूसरे पर एक से बढ़कर एक आरोप-प्रत्यारोप लगाए जा रहे थे। पंचायत ने भी मामले को बढ़ते देख उन्हें कुछ दिनों के लिए एक-दूसरे से दूर रहने की कड़ी हिदायत दी जिससे उनका विवाद हिंसा का रूप धारण ना कर सके।

इसके साथ ही पंचायत ने दुकान के बचे आधे-अधूरे काम को पूरा करने की जिम्मेदारी गाँव के पढ़े-लिखे एक व्यक्ति विनोद को दे दिया ताकि दोनों भाईयों के विवाद से उनके धन का नुकसान ना हो। हरिप्रसाद और रामप्रसाद ने भी विनोद को पंच परमेश्वर का दर्जा देते हुए दुकान के बचे हुए काम को पूरा करने के लिए विनोद के

नाम पर सहमत हो गए।

प्रसिद्ध उपन्यासकार एवं कहानीकार मुंशी प्रेमचंद की कहानी पंच परमेश्वर की तरह यहाँ भी समाज में हरिप्रसाद का सम्मान उनके धन से तो रामप्रसाद का सम्मान उनके व्यक्तिगत अच्छे व्यवहार की वजह से लोगों में था। परंतु, शास्त्रों में कहा गया है कि कलयुग में मूर्ख, चोर और बेईमान आदमी अपने पद और धन के कारण समाज में श्रेष्ठ होगा और उसके प्रति लोगों का झुकाव जल्दी होगा। ठीक वैसे ही विनोद का झुकाव हरिप्रसाद की तरफ जल्दी हो गया।

विनोद हरिप्रसाद के हर बातों का अमल दुकान के कार्यों में करता और यदि रामप्रसाद इसका विरोध करना चाहता तो उसकी बातों को अनसुना कर देता या रामप्रसाद को तीन-पांच पढ़ाकर उसकी बात टाल देता। कुछ दिन ऐसे ही चलता रहा और धीरे-धीरे रामप्रसाद को भी इस बात का एहसास होने लगा की वह ठगा जा रहा है और उसके साथ अन्याय हो रहा है। उसने इसके संदर्भ में विनोद से सीधा बात

> प्रसिद्ध उपन्यासकार एवं कहानीकार मुंशी प्रेमचंद की कहानी पंच परमेश्वर की तरह यहाँ भी समाज में हरिप्रसाद का सम्मान उनके धन से तो रामप्रसाद का सम्मान उनके व्यक्तिगत अच्छे व्यवहार की वजह से लोगों में था।

करना ही उचित समझा। अगली सुबह खेत और घर के जरूरी काम निपटा रामप्रसाद विनोद के घर जा पहुंचा और कहने लगा- " विनोद भाई, पंचायत की सहमति पर मैंने आपको पंच परमेश्वर माना है और इसलिए एक पंच के नाते आपसे निष्पक्ष न्याय करने की गुहार लगाने आया हूँ। "

इतना सुनते ही विनोद गुस्से में रामप्रसाद को भला बुरा कहते हुए हरिप्रसाद के सामने उसकी तुच्छ औकात की बात करने लगा और हरिप्रसाद के तारीफों की पुल बांधने लगा। विनोद के इस स्वभाव और एक पक्षीय नजरिया को देखते हुए रामप्रसाद ने कहा- " विनोद जी, आज भले ही मेरी आर्थिक औकात हरिप्रसाद से छोटी है, परन्तु हरिप्रसाद के चंद रुपयों के लालच में आपने अपनी औकात पंच परमेश्वर जैसे ऊँचे दर्जे से गिराकर एक पक्षकार के स्तर की बना ली।"

इतना सुनते ही विनोद के चेहरे का रंग उड़ गया और रामप्रसाद गमछे से अपना पसीना पोंछते हुए अपने घर की तरफ चल पड़ा।

मन की चेतना

✍ पवन त्रिपाठी

मैं कई दिनों से
अपने भीतर सिमट रहा हूं
बस खमोश होकर जी रहा हूं !!!!

हालांकि ज़माने की भीड़ में
लोग तलाश रहे
वजूद अपना

लेकिन मैं उस भीड़ का
हिस्सा नहीं बनता !!!
मैं अपने भीतर के

सृजन को पी रहा हूं
पर अब उनको बाहर
निकालने का समय आ गया है
समाज के पन्नो पर
यतार्थ रखने का !!!!

सर्दियों में ढलती हुई शाम

✍ **पवन त्रिपाठी**

सर्दियों के मौसम में
धीरे धीरे ढल रही शाम
उसे शायद सूरज के
डूबने का इंतज़ार नहीं
अपनी चाल में रमाती हुई
परायी हो रही शाम
ठंडी और मस्त पवन ने
उसका दामन थामा था

पर शाम उसे भी
दुखी सा कर गयी
दूर कहीं चलते चलते
थम सी गयी है शाम
सर्दियों के मौसम में
धीरे धीरे ढल रही शाम

✉ एफ 245 चिनाव अपार्टमेंट के पास
हरिशंकरपुरम ग्वालियर - 474002,
मध्य प्रदेश, फ़ोन : 9589844279

डॉ. मुकुंद रविदास

सहायक प्राध्यापक, स्नातकोत्तर हिंदी-विभाग, विनोद बिहारी महतो कोयलांचल विश्वविद्यालय, धनबाद, झारखंड।

आलेख

डॉ. अंबेडकर जयंती की प्रासंगिकता

कोलंबिया विश्वविद्यालय में 2004 ई. में दुनिया के सर्वश्रेष्ठ विद्वानों की एक सूची प्रकाशित की गई थी जिसमें भारत रत्न बाबा साहब डॉ. भीमराव अंबेडकर का नाम प्रथम स्थान पर था, सिर्फ इसलिए नहीं कि डॉ. अंबेडकर भारत के संविधान निर्माता थे बल्कि इसलिए भी कि करोड़ों असहाय मानव, नारकीय जीवन जीने के लिए मजबूर, समाज के मुख्यधारा से बहिष्कृत भारतीयों को, न केवल अंग्रेजों की गुलामी से मुक्ति दिलाने के लिए बल्कि भारत के ही लोगों की उस सामाजिक मानसिकता से भी आजादी दिलाने के लिए उन्होंने जीवन पर्यंत संघर्ष

किया था, जो केवल जन्म के आधार पर लोगों को श्रेष्ठ एवं निम्न के रूप में विभाजित करती थी। इस विषम परिस्थिति में डॉ. अंबेडकर का अछूत जाति में जन्म लेना और आधुनिक भारत के निर्माता के रूप में स्वयं को स्थापित करना, यह कोई आसान संघर्ष यात्रा नहीं थी।

आधुनिक भारत के अग्रणी निर्माताओं में शुमार डॉ. भीमराव अंबेडकर के विचारों, उद्देश्यों और संदेशों की प्रासंगिकता वर्तमान में निरंतर बढ़ती जा रही है।बहुजनों के लिए अप्रैल माह बहुत ही खास होता है क्योंकि इसी माह में 14 अप्रैल 1891 ई. में

मध्यप्रदेश, इन्दौर- जिले के' महू' तहसील (वर्तमान में अंबेडकर नगर)नामक गांव में अछूत महार जाति के सूबेदार रामजी सकपाल और माता भीमाबाई के चौदहवीं संतान के रूप में, भारतीय सामाजिक, आर्थिक, राजनीतिक, विधिवेत्ता, इतिहास के युग प्रवर्तक, सामाजिक न्याय के प्रहरी, भारतीय संविधान के निर्माता, बोधिसत्व, महामानव, डॉ. भीमराव अंबेडकर जी का जन्म हुआ था।

भारतीय संविधान के निर्माण में महत्वपूर्ण योगदान देने के साथ-साथ इन्होंने अपना संपूर्ण जीवन दलितों, पिछड़ों, महिलाओं के सामाजिक, आर्थिक व शैक्षणिक उत्थान के लिए जीवन-पर्यंत संघर्ष किया। वे 06 दिसंबर 1956 ई को महापरिनिर्वाण को प्राप्त हुए थे। पिछले 131 वर्ष की एक लंबी दीर्घावधि से हम उनकी जयंती मनाते चले आ रहे हैं लेकिन क्या हम उन्हें अभी तक सच्ची श्रद्धांजलि उन्हें दे पाए हैं? आपके

मन में भी यही सवाल उठते होंगे। क्या डॉ.अंबेडकर के इस जयंती दिवस पर, उनकी प्रतिमाओं पर माल्यार्पण करना, चौक- चौराहों पर उनकी मूर्तियां स्थापित करना, जगह-जगह पर सभा, सेमिनार,

> डॉ.अंबेडकर ने कहा था कि-" मैं मूर्तियों में नहीं बल्कि किताबों में हूं, मुझे पूजने की नहीं बल्कि पढ़ने की जरूरत है। "वे चाहते थे कि आने वाली पीढ़ियां उनके संघर्ष, त्याग ओर आंदोलन के मर्म को समझें, महसूस करें।

विचार- गोष्ठी का आयोजन करना, सरकार के द्वारा छुट्टी की घोषणा कर देना, सोशल मीडिया पर शुभकामनाओं की बौछारें कर देना, क्या सचमुच में बाबा साहब अंबेडकर की जयंती मनाने का यही उद्देश्य है? सच पूछिए तो नहीं। जिस सामाजिक परिवर्तन

व आधुनिक भारत के निर्माण की चाह में उन्होंने जीवन भर संघर्ष किया अपना घर- परिवार, बीवी- बच्चों के सुख व खुशियों को त्याग दिया था उस बोधिसत्व महामानव अम्बेडकर के क्या यही सपने थे? निश्चित रूप से नहीं।

डॉ.अंबेडकर ने कहा था कि-" मैं मूर्तियों में नहीं बल्कि किताबों में हूं, मुझे पूजने की नहीं बल्कि पढ़ने की जरूरत है। "वे चाहते थे कि आने वाली पीढ़ियां उनके संघर्ष, त्याग ओर आंदोलन के मर्म को समझें, महसूस करें। उनके अधूरे सपनों को पूरा करने के लिए एक सार्थक प्रयास करें और इसके लिए ही उन्होंने समाज को तीन मूल मंत्र दिया था - 'शिक्षित बनो, संगठित रहो ओर संघर्ष करो। " अगर बाबा साहब के यह तीन मूल मंत्र को ही बहुजन समाज अपने जीवन में आत्मसात कर लिए होते तो बाबा साहब का अधूरा सपना पूरा हो गया होता। वर्तमान परिदृश्य में जब हम नजर डालते हैं तो पाते हैं कि सामाजिक, आर्थिक, राजनीतिक और धार्मिक आदि सभी क्षेत्रों में डॉ. अम्बेडकर के सपनों से भी हम कोसों दूर दिखाई देते

हैं। आखिर इस जयंती दिवस को मनाने का औचित्य क्या है?

आखिर बाबा साहब डॉ. अंबेडकर ने क्यों कहा था कि - "पढ़े-लिखे लोगों ने ही धोखा दिया है। " आज बाबा साहब की वजह से राजनेता व पदाधिकारी, कर्मचारी जिस ऊँचाई पर बैठकर सुख भोग रहे है। उन्होंने ने ही बाबा साहेब के उद्देश्यों को व बहुजन समाज को भुला दिया है। डॉ .अम्बेडकर ने जिस समाज के लिए अपना सब कुछ खो

दिया था उस समाज के लिए हम राजनेता व उच्च पदों पर पदासीन पदाधिकारी, कर्मचारी इन 131 वर्षों में इस समाज को क्या दिया है जबकि यह सरकारी नौकरी अपने समाज के प्रतिनिधित्व के लिए भी है। हम खुद से पूछे कि क्या हम उनके जन्मदिवस पर श्रदापुष्प अर्पित देने के काबिल हैं, योग्य हैं, हक है? संपूर्ण भारत आजादी का आज अमृत महोत्सव मना रहा है परंतु यह दुर्भाग्य ही कहा जा सकता है कि राजनीतिक सत्ता की प्राप्ति के लिए हमने बाबा साहब अंबेडकर को केवल बहुजनों का नेता, दलितों का मसीहा, संविधान के निर्माता बनाकर ही छोड़ दिया है।

जबकि डॉ आंबेडकर एक विचारधारा बन चुके हैं जिसे पूरी दुनिया "नॉलेज ऑफ सिंबल "के रूप में मानती है। वे एक महान समाजशास्त्री, विधि वेता, दार्शनिक, मनोवैज्ञानिक एवं अर्थशास्त्र के विद्वान थे।

आधुनिक भारत के निर्माण में उनके बहुमूल्य योगदानो पर सरकार व राजनीतिज्ञयो, समीक्षकों इतिहासकारों को, महाविद्यालय, विश्वविद्यालय के पाठ्यक्रम

में उनके विचारों को, सिद्धान्तों को, संघर्ष पूर्ण जीवनी, संस्मरण-यात्रा को शामिल कर पढ़ने -पढ़ाने व शोध करने की आवश्यकता है।

आज की राजनीतिक पार्टियां, पदाधिकारी, बहुजन संगठनों के कार्यकर्ताओ के द्वारा केवल बाबा साहेब डॉ. अम्बेडकर के विचारों को दरकिनार कर केवल उनके नाम की जय-जयकार कर रही है। इससे न तो समाज का ही भला हो पा रहा है और न ही राष्ट्रीय उद्देश्यों की पूर्ति हो पा रही है। आज इस महापुरुष की जयंतिदिवस पर उनको याद करते हुए सबों को अपने आपमें आत्म मंथन करने की जरूरत है तभी आधुनिक भारत का निर्माण व समतामूलक समाज की स्थापना हो पाएगी।

तेजेश सिंह नेगी

जगदलपुर, छत्तीसगढ़।

तेजेश की कहानियाँ

हिन्दी की ऑनलाइन कक्षा

तेजेश सिंह नेगी

दूसरी कक्षा की हिंदी ऑनलाइन क्लास का समय हो गया था। बिटिया ने हमेशा की तरह अपना फोन डाइनिंग टेबल पर पानी की बोतल के सहारे टीका दिया और क्लास ज्वाइन कर ली। मैं साथ में बैठ कर नाश्ता कर रहा था। बैकग्राउंड में आवाज़ें आ रही थी।

मम्मी चुप हो जाओ ना, मैडम आ जायेगी', कंबल मत हटाओ', हाय सुनैना, हेलो ऋषि........। तभी क्लास में मैडम का आगमन हुआ। मोबाइल स्क्रीन की एक छोटी खिड़की में मैडम प्रकट हुई। गुड मॉर्निंग स्टूडेंट्स। वाय इस सो मच नॉयज? गुड मॉर्निंग मैम, गुड मॉर्निंग मैडम के शोर से पूरा कमरा गूंज उठा।

किसी खिड़की में कुर्सी दिख रही थी, किसी में सोफा या बेड। कुछ खिड़कियों में बच्चो का हिलता हुआ चेहरा। गुड मॉर्निंग चिल्ड्रन, नाउ प्लीज म्यूट यौर माइक। आज की हिंदी क्लास में वी विल स्टडी चैप्टर इलेवन टेसू राजा बीच बाज़ार। आल ऑफ़ यू ओपन पेज नंबर सिक्सटी टू। कुछ बच्चो

के माइक अभी ऑन थे। पन्नो के पलटने की आवाज़ साफ सुनाई दे रही थी। मैडम खोल लिया... रुकिए मैम एक मिनट... मैम ये पेज तो मेरे छोटे भाई ने टियर कर दिया है। ओके बच्चो फर्स्ट आई विल रीड एंड यू ऑल विल लिसन केयरफुल्ली, ओके! टेसू राजा बीच बाज़ार खड़े हुए ले रहे अनार.. इस अनार में कितने दाने जितने हो कंबल में खाने। मीनिंग टेसू राजा मार्केट में खड़े है एंड ही इस परचेसिंग अनार। अच्छा बच्चो यू नो अनार न। यस मैम, यस मैम.... स्टूडेंट्स डोंट शाउट। आई टोल्ड यू म्यूट यौर माइक। ऑनली अनम्यूट व्हेन आई आस्क यू टू। यस

रोहन टेल मी व्हाट इज अनार। रोहन कैन यू हियर मी। कुछ सेकंड बाद रोहन मुंह में डली रोटी गटकते हुए बोला।

मैम अनार लाल रंग का फ्रूट होता है।

वेरी गुड रोहन, इट इज़ रेड इन कलर विद लॉट्स ऑफ स्मॉल दाने इनसाइड। ओके सो, एक अनार में कितने दाने जितने कंबल में खाने मीन्स बॉक्सेस इन द ब्लैंकेट। कंबल कौन कौन ओढ़ कर सोता है।

मैम मैं, मैं, मैम मैने तो अभी भी ओढ़ा हुआ है.... क्लास फिर बच्चो की आवाज से गूंज गई। ओके ओके गाएज़। स्पीक वन बाय वन। तभी मैडम की फोन की घंटी बजी

और मैडम का माइक ऑफ हो गया। सभी बच्चे आपस में बात करने लगे।

कुछ देर बाद मैडम की आवाज़ फिर सुनाई दी। यस चिल्ड्रेन, प्रिंसिपल सर हैज़ कॉल्ड मी। आई हैव टू गो। आई एम लीविंग द क्लास। आप सभी इस चैप्टर को पूरा पढ़

लीजिएगा। डॉन्ट टेक हिंदी लाईटली। यू नो इट इज़ वेरी इंपोटेंट सब्जेक्ट। आई विल टेल यू टू रीड इन द नेक्स्ट हिंदी क्लास। ओके बाय बच्चो। इस तरह हिंदी की कक्षा समाप्त हुई और मुझे भी काफी अंग्रेजी सीखने को मिली।

अलमारी का ताला

✍ तेजेश सिंह नेगी

ताले ठीक करा लो! बैग के, अलमारी के, दरवाजों के ताले बनवा लो! रविवार को सर्दी की धूप में बैठे अखबार पढ़ते यकायक ही गली से आती आवाज़ कानो में गूंजी। याद आया पिछले दो महीनों से मोहतरमा गाहे बगाहे टोकती रहती रहती "बड़ी बड़ी बाते करते हो मोदी को कृषि कानून वापस नहीं लेने थे, इस बार चीन नही बचेगा और क्या

क्या नहीं, महीनो से अलमारी का ताला तो ठीक करा नहीं पा रहे। "

मैं फुर्ती से उठा और ताले वाले को आवाज दी। "भैया ऊपर आ जाओगे क्या, अलमारी का ताला खराब हो गया है। " मटमैली कमीज़, ढीली ढाली रंग उड़ी पैंट और कंधे में काले रंग का एक झोला जिसमे की उसके कुछ औजार और पुराने ताले चाबी थे, लेकर लड़का ऊपर आ गया। मैने उसे बेडरूम में रखी वो अलमारी दिखाई

जिसका लॉक खराब हो गया था।

कमरे से बाहर झांकते और आस पास पत्नी की अनुपस्थिति सुनिश्चित होने के बाद मैने लड़के से कहा "दहेज में मिले

कहां मिलेगा सामान, कितनी देर लगेगी, जल्दी लाओ। मुझे और भी बहुत काम हैं। " लड़का अपना बिखरा सामान बैग में भरता हुआ बोला "अभी आया भैया, ये पास वाली हरिराम हार्डवेयर की दुकान से तुरंत ले कर आता हूं। "

समान ऐसे ही होते है क्या यार, अभी पहली सालगिरह मनाई नहीं की चीजों को मरमत की आवश्यकता पड़ गई है। " लड़का थोड़ा मुस्कुराया और अपने काम पर लग गया। पत्नी धूप से उठाए सूखे कपड़ो को तह कर अलमारी में रखने कमरे में आई।

"अरे वाह! आज मुहूर्त निकल गया।

कहां से ढूंढ कर लाए। भैया बढ़िया से बना देना। इतनी मजबूत अलमारी का ताला कैसे खराब कर दिया इन्होंने पता नही। " पत्नी तह किए कपड़े बेड में छोड़ अपने कामों में व्यस्त हो गई। मैं वही बैठ लड़के को कभी ताले के स्क्रू खोल, कभी रॉड पर हथौड़ी से हल्की चोट मारते देख रहा था और फिर वहीं बिस्तर में लेट अपना मोबाइल देखने लग गया। करीब पंद्रह मिनट बाद लड़का बोला "भैया ताला तो ठीक हो गया पर अब ये रॉड फस गई है। दरवाजा खुल नही रहा। एक सामान लाना पड़ेगा, कुंडी में फसा कर खोलना पड़ेगा दरवाजा। "

मोबाइल से नज़रे उठा कर मैने लड़के को देखते हुए कहा "अरे यार अब ये क्या नई मुसीबत है। कहां मिलेगा सामान, कितनी देर लगेगी, जल्दी लाओ। मुझे और भी बहुत काम हैं। " लड़का अपना बिखरा सामान बैग में भरता हुआ बोला "अभी आया भैया, ये पास वाली हरिराम हार्डवेयर की दुकान से तुरंत ले कर आता हूं। "

इतना कह लड़का तेज़ कदमों से नीचे उतरा और हार्डवेयर की दुकान वाली गली

पत्नी के सारे गहने तो पिछले हफ्ते ही बैंक लॉकर से निकाल कर लाए थे और वो उसी अलमारी के खुफिया लॉकर में रखे थे। अब तो मेरी सिट्टी पिट्टी गुम। काटो तो जैसे खून नही। अनहोनी का ख्याल दिमाग में भूचाल लाने लगा। मैं दौड़ा दौड़ा घर पहुंचा और पत्नी से गहने अलमारी में ही रखे होने की पुष्टि की। पत्नी को सारा मामला समझते देर न लगी। और अब तो उसके रोने की आवाज़ गली तक जाने लगी।

आस पास के घरों से लोग आ गए। हम अलमारी का दरवाज़ा तोड़ने की कोशिश करने लगे। तभी कंधे में बैग लटकाए और हाथ में एक रॉड लिए वो लड़का भीड़ को चीरता अंदर दाखिल हुआ।

मैने माथे से पसीना पोंछा और एक लंबी गहरी सांस लेते हुए पूछा "अरे यार तुरंत बोल कर डेढ़ घंटे बाद आ रहे हो। " "भैया पत्नी का फोन आ गया था, बेटी को हैंडपंप से चोट लग गई थी। उसी की पट्टी कराने में देर हो गई। और ये रॉड भी नहीं मिल रही थी। " भीड़ और हम सबका चेहरा देख कर अब तक ताला बनाने वाला भी सारा माजरा

में मुड़ गया। आधा घंटा हो गया, चालीस मिनट हो गए उस लड़के की कोई खबर नहीं। गुस्से से भरा मैं हार्डवेयर की दुकान तक चला गया और दुकानदार से पता करने पर ज्ञात हुआ की वहां तो कोई ताला बनाने वाला आया ही नहीं। अचानक ध्यान आया की घर की एक शादी में पहनने के लिए

सत्य

✍ राम शरण सेठ

मैने माथे से पसीना पोंछा और एक लंबी गहरी सांस लेते हुए पूछा ''अरे यार तुरंत बोल कर डेढ़ घंटे बाद आ रहे हो।''
''भैया पत्नी का फोन आ गया था, बेटी को हैंडपंप से चोट लग गई थी। उसी की पट्टी कराने में देर हो गई।

समझ चुका था। ''भैया हम गरीब जरूर है पर जानते है की कितनी मेहनत से एक बाप अपनी बेटी की शादी के लिए गहने जुटाता है।'' उसने फटाफट दरवाज़ा खोला जिसका ताला हमने लगभग तोड़ दिया था।

पत्नी ने झपट कर खुफिया लॉकर से अपने गहनों का बैग निकाला और सीने से लगा लिया। हम सबका मन एक अपराध बोध से भर गया। मेरी पत्नी ने ताला बनाने की कीमत के साथ एक चांदी की पायल उसकी बेटी के लिए उपहार सामान लड़के को भेंट कर दी।

चल रहा है साथ चल रहा है ।
हर किसी से कुछ न कुछ कह रहा है।
जीवन के हर मोड़ पर।
अपनी दस्तक दे रहा है।।
कुछ चाहकर भी यह।
जीवन नहीं कर पा रहा है।।
आदिकाल से लेकर अब तक ।
सत्य पराजेय रहा है।।
इस समय भी सत्य की ।
उतनी ही जरूरत पड़ रही है ।।
जितनी जरूरत राम और रावण ।
के समय में पड़ रही थी।।
समय बदला है पर सत्य की महिमा।
नहीं बदली है।।
यह बात माननी होगी ।
यह बात जाननी होगी।।
आने वाली पीढ़ी के लिए ।
यह बात पहचाननी होगी।।

✍ छटहा, मिर्जापुर उत्तर प्रदेश

लक्ष्मण सिंह त्यागी 'रीतेश'

लेखक 'उड़ान' पत्रिका के संपादक हैं और आपकी दर्जन भर से अधिक पुस्तकें प्रकाशित हो चुकीं हैं। आपने अबतक दर्जनों साझा संकलनों का संपादन कार्य किया है, जिसे सह रचनाकारों द्वारा बहुत अधिक सराहना प्राप्त हुई है।

कविताएँ

लक्ष्मण सिंह की रचनाएं

सर्द मौसम

✍ **लक्ष्मण सिंह त्यागी रीतेश**

सर्द मौसम का मजा
आने लगा उनके जहन में।
मूड सेलिब्रेशन का बना डाला
अभी शयन में।।
सर्दियों के दिन पुरानी याद
ताजा कर रहे हैं।
घूमने की प्लानिंग को
इक दूजे से साझा कर रहे हैं।।
हजारों रुपए वो खर्च
कर देंगे इसी बहाने।

बदल गई है जिंदगी
शायद देश की कौन जाने।।
है मगर एक और
दुनियाँ मेरे भारत वर्ष में।
दाग समझो या कभी
भारत के उत्कर्ष में।।
ठण्डियां दुश्मन बनेंगीं
चार महीनों के लिए।
टॉर्चर करती रहेंगीं
चार महीनों के लिए।।
काले कलूटे से
वो बच्चे याद आते हैं मुझे।
उनकी बद्रसीबी के किस्से
अब भी सताते हैं मुझे।।
कपड़े नहीं हैं

तन ढकने को
पैरों में जूते नहीं।
कष्ट में जीते हैं
पर किसी का कुछ छूते नहीं।।
बैठकर सूरज के नीचे
दिन तो कट ही जाता है।
रात में शीतलहर और कोहरा
उनको बड़ा सताता है।।
आग के चहुंओर बैठकर
रात साझा कर रहे हैं।
सर्दियों के दिन पुरानी याद
ताजा कर रहे हैं।।

बोलता है

✍ **लक्ष्मण सिंह त्यागी रीतेश**

बड़ा मुश्किल है
ईमानदारी की मिसाल बनना।
सब चुप हो जाते हैं
जब पैसा बोलता है।।
जिस्म बिक रहा है

बाजारों में हर जगह।
पैसा उचित तराजू पर
उसे हर बार तौलता है।।
धर्म भी डगमगा गया है
इस बार उसके कारण।
नीति वाक्य की जगह
दौलत वाक्य बोलता है।।
जड़ें तक हिला कर रख दीं
मित्रता की इसने।
पैसे का नजरिया दोस्त की
जुबान बोलता है।।
रिश्ते नाते सगे संबंधी
दौलत के इर्द-गिर्द ही हैं।
दौलत के लालच में
हर कोई मीठी जुबान बोलता है।।
कितनी बातें दबी पड़ी हैं
लोगों के दिलों में।
पैसा ही है जो बड़े-बड़े
राज खोलता है।।
ईमान परेशान है परास्त नहीं
मगर मजबूत इरादे हों।
खून खोलता है
जब पैसा बोलता है।।

अधबुना

✎ **लक्ष्मण सिंह त्यागी रीतेश**

मौत का डर है भयानक
मौत से भी कई गुना।
मौत ना हो जिस जगह पर
हो तो ऐसी तू सुना।।

निर्माण जिसका भी है
होता विनाश भी निश्चित बना।
मरने की खबर को
फिर क्यों कहते हैं
भयानक सूचना।।

पाने की खुशी खोने का गम
फिर क्यों पाले बैठे हो।
हर एक राह की है मौत
मंजिल फिर भी तूने वही चुना।।

मरण निश्चित है सभी का
फिर ये कैसी वेदना।

जाल जीवन का है
बुनता रह जाता है अधबुना।।

कोई अच्छा काम कर ले
पहचान वही बन जाएगी।
नाम अमर होते सुने हैं
शरीर हमने ना सुना।।

नाम तेरा साथ लेकर
गर्व होने लगे हमें।
काम अधिक करने लगो
ज्यादा नहीं तो दोगुना।।

गणपत लाल उदय

अरांई अजमेर राजस्थान
ई-मेल : ganapatlaludai77@gmail.com

गणपत की रचनाएँ

आज़ादी का जश्न

📝 **गणपत लाल उदय**

स्वतंत्रता दिवस की
सब को ढेरों शुभकामना,
नही रखना कोई भी
दिल में द्वेष की भावना।

आज इन वीरों की
कुर्बानियों को याद करना,
बहुत हुआ दुश्मनों से
इनका आमना-सामना।।

खेली हो यहां पे
जैसे रंगों की इन्होंने होलियां,
बही है अनेंक इस धरती पर
खून की नदियां।

आज भी ग़वाह है यहां पर
जलियांवाला बाग,
खोए है अनेक लाल मिटे
बिंदियां एवं सुहाग।।
सैनिक अपने देश के
करते सभी का सम्मान,
शान तिरंगे की रखते हमें है
इन पे अभिमान।

हिंद की सुरक्षा के ख़ातिर लिए

हाथों में प्राण,
रोज मौत से ये खेलते लिए
जो रक्षा का प्रण।।

दुश्मनों के आगे ना झुकाते
यह अपना शीश,
हमको है अभिमान इनपर
दे इनको आशीष।

वतन के लिए यह सदैव ही
रखते है मोहब्बत,
वीरों के बलिदान को हम
करें नमन शत शत।।

आजादी का जश्न सब को
मिलकर मनाना है,
अमृत का यह प्यारा महोत्सव
यूं न गंवाना है।

प्यार से सभी मिलकर
आजादी पर्व मनाना है,
वीरों का इतिहास और बलिदान
ना भूलना है।।

अनन्त ज्ञान का भण्डार शिक्षक

✍ गणपत लाल उदय

शिक्षक वही है
जो सदमार्ग का रास्ता दिखाएं
अंधकार से उभारे व ज्ञान का
प्रकाश दिखाएं।
उसके मनमस्तिष्क में
ज्ञान की ज्योति जलाएं
और शिष्य को जीने की
एक नई राह दिखाएं।।
इन शिक्षकों से मिलता
अबौध बच्चों को ज्ञान
नही होता ऐसा कोई संसार में
शिक्षक समान।
यही होता मनुष्य जीवन का
पहला प्रवेश द्वार
शिक्षाएं शिक्षकों से पाकर
सब बनते है महान।।
अनन्त ज्ञान का होता है

यह गुरुवर ही भण्डार
जिस-जिसको पड़ा
इनका डांट डण्डे का मार।
वही हुआ सफल
अपनें जीवन में हर एक बार
करता है अपनें बच्चों के
जैसा वो सबसे प्यार।।
शिक्षक का दर्जा होता है
संसार में सबसे ऊंचा
महान् संत, ईश्वर
अवतार भी लिए इनसे शिक्षा।
कभी रोक - टोक कर
आगें बढ़ना ही सिखाया

कभी-कभी दी है सजा
और ली अनेंक परीक्षा।।
ये कुम्हार समान होते
जो पकाते कच्चे घड़े को
वैसे ही बच्चों को ज्ञान देकर
जीवन संवार देते।
ब्लैक बोर्ड पर समझाकर
कागज पर उतरवाते
बालक बालिकाओं का
भविष्य शिक्षक बनाते।।

शहीद
भगत सिंह

✍ गणपत लाल उदय

आजादी के मतवाले
ऐसे भगत पर हमें है नाज
कृतज्ञ राष्ट्र कर रहा
शहीद सेनानी तुमको याद।
रोगंटे खड़े कर दे
ऐसे विचारों के धनी रहें आप

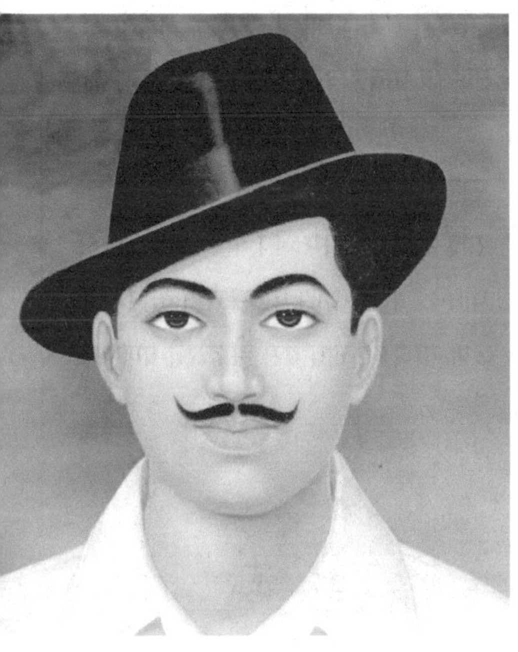

विद्यावती माता के गर्भ
पिता का नाम सरदार
किशन सिंह सिन्धु इनके।
23 वर्ष में प्राण न्यौछावर
कर दिए हंसते-हंसते
बचपन से ही दूर-दूर चर्चे थे
ऐसे भगत सिंह के।।
लेखक भी थे भगतसिंह
क्रांतिकारी विचार भरें
अनेकों संकलन है
प्रकाशित दस्तावेज भरें पड़े।
कई लेख लिखें एक
शहीद जेल नोटबुक लिखें
बचपन से ही देशभक्त थे
घरवाले सब बड़े- बड़े।।
देशप्रेम में भगत सिंह
कॉलेजी पढ़ाई छोड़ दिऐ
असहयोग आंदोलन में
गांधी संग समर्थन किऐ।
अंग्रेजों को खुले आम
यह बहादूर ललकार करें
इंकलाब जिंदाबाद करते
हंसते फांसी झूल गऐ।।

छोटी उम्र में शहीद हुऐ
राष्ट्र करता नमन आज।।
हिंदी अंग्रेजी संस्कृत पंजाबी
उर्दू के विद्वान रहें
आप अच्छे वक्ता पाठक
लेखक व पत्रकार रहें।
नौजवानों को प्रेरणा वाले
स्वतन्त्रता सेनानी रहें
अंग्रेजों को झकझोरने वाले
बब्बरशेर आप रहें।।
28 सितम्बर को जन्में

शिर्डी वाले हमारे बाबा साईं राम

✍ गणपत लाल उदय

मुसीबतों से हार जाऐ ऐसे इंसान ये नही,
शिरडी वाले बाबा थे वह ऐसे हमारे साईं।
कोई हिन्द कहें कोई कहते थे मुसलमान,
सबका मालिक एक है वो कहते थे साईं।।

सदा समाज में भाईचारे से रहना बताया,
सबको नेकी पर चलने की राह दिखाया।
भक्तगणों में ज्ञान की वह ज्योत जलाया,
श्रद्धा-शाबुरी का पाठ आपने ही पढ़ाया।।

ईश्वर का अवतार मानता आपको संसार,
सबके हृदय आप बसें महिमा अपरंपार।
अनहोनी से होनी करके आपने दिखाया,
दर्शन को आते नर-नारी आपके भरमार।।

बाबा के द्वार पर जो श्रद्धाभाव से जाता,
निराशा लेकर वो कभी वापस ना आता।

हर लेते साईं बाबा उन सबके सारे दुःख,
साईं के पावन चरणों में मिलें सदा सुख।।

खुशनसीब होता है वह जाता साईं धाम,
साईं राम का नाम जपे करें सत्संग राम।
पावन शिरडी धाम पावन वहां की मिट्टी,
कण-कण में आप बसे हो करते प्रणाम।।

व्यग्र पाण्डे

कर्मचारी कालोनी, गंगापुर सिटी, स.मा. (राज.)
322201, मोबाइल : 9549165579

व्यग्र पाण्डे की रचनाएँ

कभी देखा

व्यग्र पाण्डे

देखा है कभी
पेड़ों को रोते हुए
हाँ, मैंने देखा है
शीत-ऋतु में
उनकी पत्तों की आँखों से
आँसुओं को टपकते हुये
जिसे सब ओस का टपकना कहते
पेड़ हँसते भी हैं
जब आती पावस
और नहलाती उन्हें
हवा संग निर्मल बूंदों से
तो लुक लुक जाती

उनकी शाखाएँ पत्तों के संग
जैसे बल पड़ जाते पेट में
हँसते समय आदमी के

चाँद आवारा हो गया है...

व्यग्र पाण्डे

चाँद आवारा हो गया है
रात सकते में है इससे ।
कभी देर से आता
कभी जल्दी चला जाता
घटते-बढ़ते रहते उसके तेवर

अमावस की रात ना जाने,
कहाँ खो गया है
चाँद आवारा हो गया है ।
पूर्णिमा को सजता-सँवरता
निशा की कालिमा हरता
घटाओं संग करें अठखेलियां
छुपता कभी पीछे,
फिर प्रकट हो गया है
चाँद आवारा हो गया है ।
ग्रहण से जो बेखबर
कब खत्म हो जाये असर
सुधर पायें पर ना सुधरें,
ये इसको क्या हो गया है
चाँद आवारा हो गया है ।

प्रभात की क्या बात

✎ **व्यग्र पाण्डे**

प्रभात की क्या बात
रीत गयी रात
तम को प्रकाश ने

दे दी है मात
प्रकृति को मिली है
फूलों की सौगात

उड़े पंछियों की
नभ में जमात
गैया चाट रही
बछड़े का गात

राहों में आवाजाही
की हो गयी शुरुआत
बिखरा सिंदुरी रंग
पूरव की ओर
पेड़ों के झुरमुट में
चिड़ियों का शोर

संतरंगी किरणें
पड़ रही हर पात
हो गयी शुभ शुभ
दिन की शुरुआत

प्रभात की क्या बात
रीत गयी रात

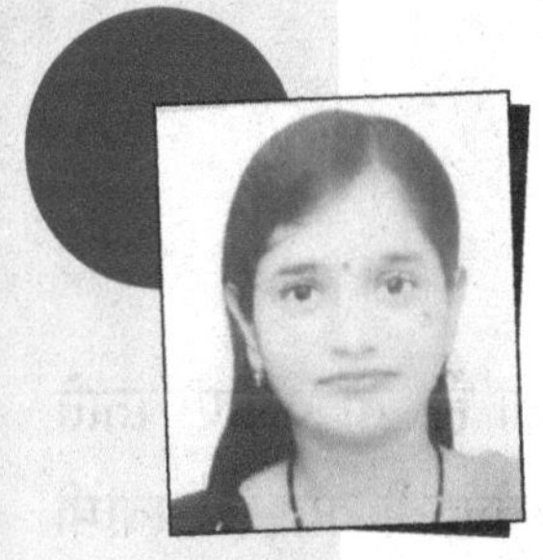

विजयलक्ष्मी विजय तिवारी

सूर्या नगर, विखरोली, पश्चिमी मुंबई

आलेख

स्वामी विवेकानन्द और राष्ट्रीय युवा दिवस

उठो जागो और तब तक मत रुको।
जब तक लक्ष्य प्राप्त ना हो जाए।।

You will never know what you are capable of until you take that first step and go for it.

जैसा संदेश देकर भारतीयों को जगाने वाले महापुरुष, जिन्होंने भारतीय ज्ञान एवं अध्यात्म का डंका सारी दुनिया में बजाया। जी हां, हम बात कर रहे हैं स्वामी विवेकानंद जी की। युगपुरुष, वेदांत, दर्शन के ज्ञानी मातृभूमि के उपासक, कर्म योगी, दरिद्रनारायण मानव सेवक करोड़ों

युवाओं के प्रेरणा स्रोत, प्रेरणा पुंज स्वामी विवेकानंद जी का जन्म 12 जनवरी 1813 को कोलकाता में पिता विश्वनाथ दत्त और माता भुवनेश्वरी देवी के घर हुआ था। स्वामी विवेकानंद जी के बचपन का नाम नरेंद्र नाथ दत्ता था। युवाओं के प्रेरणा नरेंद्र नाथ दत्त जिनके गुरु रामकृष्ण परमहंस जी ने स्वामी विवेकानंद जी को, स्वामी विवेकानंद नाम दिया था। केवल भारत में ही नहीं बल्कि पूरे विश्व में अपने ज्ञान, बुद्धि, और वेदांत दर्शन के सनातन धर्म और भारत का गौरव बढ़ाया।

सोई दुनिया को जगाया,

सिंधु को सिंह बनाया।
प्रेम योग हो या भक्ति योग हो,
एक रहस्यमई सूत्र उपजाया।
वही आत्मज्ञान का महापुरुष,
स्वामी विवेकानंद कहलाया।

भारतीय युवाओं के बीच उनकी लोकप्रियता का अनुमान इसी से लगाया जा सकता है कि आज भी 80% से अधिक शिक्षित भारतीय युवाओं के आदर्श है। स्वामी जी के विचार उन्हें सबसे अलग व कोहिनूर की भांति चमकाते हैं। स्वामी विवेकानंद वेदांत के विख्यात और प्रभावशाली आध्यात्मिक गुरु थे। उन्होंने भारत का वर्चस्व अमेरिका तथा यूरोप के हर एक देश तक पहुंचाया।

भारत देश के अधिकतर आबादी युवाओं की है और किसी भी देश का भविष्य उसकी युवाओं पर ही निर्भर करता है। नई प्रतिभा के आने से देश को न सिर्फ तरक्की मिलती है बल्कि देश का विकास भी सही तरह से होता है। देश के युवाओं के सही मार्गदर्शन के लिए हर साल भारत में युवा दिवस मनाया जाता है, पर क्या आप जानते हैं कि 12 जनवरी को ही राष्ट्रीय युवा दिवस के रूप में क्यों मनाया जाता है? तो आइए बताते हैं इसके पीछे की कहानी क्या है- स्वामी विवेकानंद जी अपने विचारों और अपने आदर्शों के लिए पूरी दुनिया में जाने जाते हैं। उन्होंने काफी कम उम्र में ही अपने विचारों के चलते दुनिया में अपनी एक अलग ही पहचान बनाई थी। उनके विचारों से युवाओं को सही दिशा मिल सके, इस मकसद से ही सरकार द्वारा उनकी जन्म दिवस को इस दिन के लिए चुना गया था। भारत में युवा दिवस मनाने की पहचान साल 1985 से शुरू हुई थी। वहीं इस दिन को युवा दिवस के तौर पर मनाने का ऐलान साल 1984 में किया गया था। तब से अब तक हर साल इस दिन को युवा दिवस के रूप में पूरे देश में मनाया जाता है। भारत की तरह पूरे दुनिया में भी युवा दिवस मनाया जाता है। 12 अगस्त को संयुक्त राष्ट्र द्वारा अंतरराष्ट्रीय युवा दिवस मनाने के तौर पर चुना गया था। इस दिन विश्व में कई तरह के कार्यक्रमों का आयोजन किया जाता है। राष्ट्रीय युवा दिवस को लेकर पूरे भारत के स्कूलों और कॉलेजों में खास कार्यक्रम,

सम्मेलनों युवा उत्सव, योग, भाषण, खेल और संगीत प्रतियोगिताओं का आयोजन होता है। बच्चों को स्वामी विवेकानंद के जीवन के बारे में बताया जाता है। 12 जनवरी को कई एनजीओ और सरकारी संगठन सामाजिक और विकासात्मक गतिविधियों का संचालन करके राष्ट्रीय युवा दिवस मनाते हैं। युवा दिवस का जश्न भारत जैसे पूरे देश में बहुत महत्व रखता है। जिसमें 60% से अधिक आबादी युवाओं की है। किसी शायर ने क्या खूब कहा है-

युवाओं के कंधो पर,
युग की कहानी चलती है।
इतिहास उधर मुड़ जाता है,
जिस ओर यह जवानी चलती है।
वक्त कम है जितना दम है लगा दो,
कुछ को मैं जगाती,
हूं कुछ को तुम जगा दो।।

स्वामी विवेकानंद जी ने युवाओं को बहुत अच्छी-अच्छी बातें बताएं। उन्होंने कहा कि खुद को कमजोर समझना ही सबसे बड़ा पाप है। कोई तुम्हें हरा नहीं सकता, कोई तुम्हें पढ़ा नहीं सकता। कोई तुमको अध्यात्मिक नहीं बना सकता, तुमको सब कुछ अंदर से सीखना है। उन्होंने यह भी बताया कि आत्मा से अच्छा कोई शिक्षक नहीं होता। सब सत्य तो हजार तरीकों से बताया जा सकता है, फिर भी हर एक सच, सच ही होगा। स्वामी विवेकानंद जी ने यह भी बताया कि अरे बाहरी स्वभाव तो केवल अंदरूनी समभाव का एक रूप होता है। इस ब्रह्मांड की सारी शक्तियां तो हमारे अंदर पहले से ही है और हम हैं जो आंख पर हाथ लगाकर बैठे रहते हैं और फिर कहते हैं कि हमें बाहर अंधेरा दिखाई दे रहा है। जब भी जीवन में कोई बड़ी मुश्किल आए, किसी भी कठिनाइयों में फंस जाओ तो दिल और दिमाग के टकराव में हमेशा अपने दिल को सुनो। यह जान लो सत्य जीवन है, और निर्मलता मृत्यु है। विस्तार जीवन है, संकुचन मृत्यु है और प्रेम जीवन है और द्वेष मृत्यु है। जब जिंदगी बिल्कुल आसान हो जाए और जीवन के किसी भी दिन में जब आपके पास कोई समस्या ना आए तो आप यह सुनिश्चित कर लेना कि आप गलत रास्ते पर चल रहे हो। यह बात अभी के अभी गांठ बांध लो

कि जब तक जीवन है तब तक सीखना है, क्योंकि अनुभव ही ज्ञान संसार के सर्वश्रेष्ठ शिक्षक हैं। एक समय में केवल एक काम करो और ऐसा करते समय अपनी पूरी यातना उसमें डाल दो और बाकी सब कुछ भूल जाओ। यही सफल होने का मूल मंत्र है। हम जो बोते हैं, वही हम काटते हैं। हम खुद अपने भाग्य के निर्माता होते हैं।

कभी महक की तरह
हम गुलो से उड़ते हैं,
कभी धुएं की तरह
हम पर्वतों से उड़ते हैं।
यह कैंचीया हमें उड़ने से
क्या खाक रोकेगी,
हम परों से नहीं
हौसलों से उड़ते हैं।

भारतवर्ष की रीड की हड्डी युवा वर्ग को कहा जाता है। चीन में एक कहावत प्रचलित है, अगर 1 साल के बारे में सोचते हो तो फसल उगाओ। अगर 10 साल के बारे में सोचते हो तो फलदार वृक्ष लगाओ और यदि पूरी जिंदगी के बारे में सोचते हो तो अपने युवाओं को शिक्षित बनाओ। आज के युवाओं

को देश की स्थिति को देखकर निराश नहीं होना चाहिए, बल्कि उसे बदलने के बारे में सोचना चाहिए।

तू रख हौसला,
वह मंजिल भी आएगा।
प्यासे के पास चल कर,
समंदर भी आएगा।
यू हार कर ना बैठ,
ए मंजिल के मुसाफिर।
मंजिल भी मिलेगी और
मिलने का मजा भी आएगा।।

परवेज़ शीतल

लेखक शिक्षा के क्षेत्र में कार्यरत हैं और आपकी एक पुस्तक भी प्रकाशित हो चुकी है।

कलमी रिश्ता

मेरी प्रिय मित्र ग़ज़ल

सप्रेम नमन व दुआओं के फूल!

जीवन में तुम्हारा एक भी पत्र नहीं मिला जिसके लिए तुम्हें सप्रेम धन्यवाद! मेरी हसीन मित्र ग़ज़ल, तुम्हें क्या मालूम मैं तुमसे कितनी मोहब्बत करता हूं? मगर तुम्हारी नजरों में अभी तक कोई स्थान नहीं बना पाया हूं। क्या मुझसे इतनी नाराज हो? मैं जान गया हूं अब तुम भी स्वार्थी हो गई हो। तुमने भी धन को सब कुछ समझ लिया है। जिसकी उम्मीद तुमसे...। प्रेम तो आत्मा का संबंध है। चूंकि मैं एक रचनाकार हूं। अतः सच ही बोलने का प्रयास करूंगा। यदि तुम्हारी आंखों में मोहब्बत नहीं देखता तो शायद मुझे भी तुमसे मोहब्बत ना होती। मगर अब क्या करूं? अब तो जो भी हो मेरी महबूब हो। मगर हां! मैं स्वार्थी नहीं। मैं तुमसे सिर्फ मोहब्बत करता हूं निस्वार्थ मोहब्बत।

तुम्हारा प्रिय
शीतल विराम।

प्रिय प्रेमी शीतल विराम

सादर नमस्ते।

आपका सौवां मगर अधूरा पत्र प्राप्त हुआ। हजार धन्यवाद! बड़ी मुश्किल से जीवन में पहली बार आप को पत्र लिख रही

हूं। मुझे मालूम था कि आप विराम ही हैं पूर्ण विराम नहीं। मेरे अच्छे दोस्त शीतल जी, आपका धन्यवाद, कि आपने इस नाचीज़ को मोहब्बत के काबिल समझा। वर्ना मेरी ऐसी तकदीर कहां? यह ग़लत है कि मेरी दृष्टि में आपका कोई स्थान नहीं है। सच तो यह है कि मैं भी आपसे मोहब्बत करती हूं। आखिर

> हां याद आया आपने पिछले पत्रों में कहीं ज़िक्र किया था कि रुपया इंसान की कोई आवश्यकता नहीं है। अकाल में या बाढ़ में घिरने पर या असामान्य परिस्थिति में वास्तविक धन ही काम आते हैं...।

आप मेरे लिए अपना लहू जलाते हैं। हैना? आदरणीय शीतल जी? धन्यवाद! आपने भी इल्जाम लगा दिया और आज के आशिक से उम्मीद भी क्या की जा सकती है? जबकि

इस युग में आशिक ज़हर खाकर भी नहीं मरते! जहां धन को सब कुछ समझने का संबंध है तो ऐसा भी नहीं है, वर्ना मैं रचनाकार से मित्रता क्यों करने लगी? मगर यह तो अकाट्य सत्य है कि धन मनुष्य की आवश्यक आवश्यकता में से एक है। बल्कि यह कहना अनुचित नहीं होगा कि धन मनुष्य की पहली आवश्यकता है। वस्तुतः धन का महत्व तुच्छ है। धन का तात्पर्य कागज या लोहे के कुछ टुकड़े नहीं यह तो मात्र उनके प्रतीक हैं। जिसके बदले हम वास्तविक धन खरीद सकते हैं।

हां याद आया आपने पिछले पत्रों में कहीं ज़िक्र किया था कि रुपया इंसान की कोई आवश्यकता नहीं है। अकाल में या बाढ़ में घिरने पर या असामान्य परिस्थिति में वास्तविक धन ही काम आते हैं...। मैं आप से पूर्णरुपेण सहमत हूं। पर जैसा कि मैं पहले ही कह चुकी हूं यह एक प्रतीक है। और इसका महत्व तब है जब इसका आदान-प्रदान हो, विनिमय हो। यदि इसका विनिमय अधिकार छिन जाए तो फिर यह बेकार है। परंतु यह बताने का कष्ट करें कि मरने के

डर से कौन है जो जीता नहीं है?

आपके पत्र से ऐसा प्रतीत होता है कि आप का प्रेम पवित्र है। परंतु आप पवित्र प्रेमी नहीं हैं। वर्ना ऐसा नहीं लिखा होता। आप लोग भी अजीब हैं। किसी से हंस के बात क्या कर

> यदि आप मुझ से सच्ची मोहब्बत करते हो तो पहले अपने आप को किसी लायक़ बनाओ, फिर सामाजिक कुरीतियों को तोड़ कर मुझे अपना लो। इससे पहले कि मेरा परिवेश मुझे जिंदा दफन कर दे।

लिया कि उस से उम्मीदें बांध लिया? आप रचनाकार अपने आप को समझते क्या है? ग़ज़ल हूं मैं। आप की जागीर नहीं। आपको मेरी आबरू की तनिक भी परवाह नहीं है जब जी चाहा कलम उठा लिया।

आपके परिवार वालों ने भी तो मुझे कैद कर दिया है। न केवल मुझे सरेबाजार रुसवा किया गया बल्कि मेरी आबरू पर भी आंच आने लगी। और जब इससे भी जी ना भरा, तो मैं जला दी जाती हूं...।

यह है आपका निस्वार्थ प्रेम? प्रिय शीतल ऐसे प्रेम के खोखले दावों से प्रेम सिद्ध नहीं होता। यदि आप मुझ से सच्ची मोहब्बत करते हो तो पहले अपने आप को किसी लायक़ बनाओ, फिर सामाजिक कुरीतियों को तोड़ कर मुझे अपना लो। इससे पहले कि मेरा परिवेश मुझे जिंदा दफन कर दे।

तुम्हारी
ग़ज़ल

मेरी प्यारी महबूब गजल
सप्रेम नमस्कार व वफाओं के फूल!

जीवन में आज पहली बार तुम्हारे कोमल कर कमलों द्वारा लिखा पत्र मिला। और मेरी प्रसन्नता का कारण बना। तुम्हारा पत्र हाथ में लेते ही हृदय बाग़ बाग़ हो गया। स्वयं झूम उठा। सच कहता हूं मैं फूली नहीं समा रहा हूं। क्योंकि आज वर्षों बाद मेरे महबूब

ने मुझे याद किया है। इकरार किया है, कि मुझसे प्यार का इजहार किया है। इस पत्र को होठों से तो कभी आंखों से लगाता हूं बारंबार फिर भी दिल को करार आता नहीं। समझ में नहीं आता तुम्हारा शुक्रिया किस प्रकार अदा करूं मुझे तो शब्द नहीं मिल

> मेरी महबूब गजल मैं उनमें से नहीं हूं, जो मर जाए तितली की फूंक से मैं वही हूं, जहर की बात तो दूर...। हां मेरी हसीन दोस्त तुमने धन के बारे में अपने विचार बड़े अस्पष्ट शब्दों में रखें।

रहे हैं।

आप क्या आए चलाया
बहारों का जुलूस
दिल के वीराने को
गुलजार भी होना था हुआ।

मेरी महबूब गजल मैं उनमें से नहीं हूं, जो मर जाए तितली की फूंक से मैं वही हूं, जहर की बात तो दूर...।

हां मेरी हसीन दोस्त तुमने धन के बारे में अपने विचार बड़े अस्पष्ट शब्दों में रखें। जिससे प्रभावित हुए बिना मैं नहीं रह सका। परंतु मेरी मीठी दोस्त, आवश्यक्ता को आवश्यक्ता तक ही सीमित होना चाहिए। है ना? ज़रुरत इंसान के गुलाम हो तो कोई बात नहीं इंसान को अनावश्यक आवश्यकताओं का गुलाम होना कदापि शोभा नहीं देता। वस्तुतः हमारी मूलभूत आवश्यकताएं उतनी नहीं है कि हम उसे पूरा न कर सकें। परंतु आज तो टीवी द्वारा एवं विभिन्न प्रचार एवं संचार माध्यमों से झूठी आवश्यकताएं पैदा की जाती हैं।

प्रचार माध्यमों द्वारा पीड़ित साधारण जनमानस और अधिक सुंदर होने की चाह में अपना प्राकृतिक सौंदर्य भी गंवा बैठते हैं। क्योंकि जनसाधारण के पास सोचने के लिए समय नहीं है। वे प्रत्येक वस्तु को रेडीमेड प्राप्त करने की अभिलाषा रखते हैं।

सिर्फ शीतल को ही इल्ज़ाम दिया जाएगा।

मेरी महबूब गजल तुमने भी तो इल्जाम दे दिया मुझको।

कुछ तो हालात में
रुसवा क्या मुझे
और एक तुम हो
कि इल्ज़ाम दिए जाते हो?

मेरी प्यारी और मीठी महबूब गजल! यह गलत है कि मैं जिस से मिलूं उससे उम्मीदें बांध लूं। और ना ही ऐसा करता हूं। यह तो ग़ज़लों का प्राकृतिक गुण है। जिसे शक का नाम दिया जा सकता है। तुमसे जो भी मिलता है या प्यार से तुम्हारी और देखता है। तुम समझती हो वह तुम्हारी सुंदरता के वशीभूत होकर या अन्यान्य से मुग्ध होकर ऐसा करता है।

हो सकता है तुम्हारा सोचना सही हो। पर यह सोचना सर्वव्यापी नहीं हो सकता है। हो सकता है कोई व्यक्ति तुम्हारे किसी सद्गुण से प्रभावित हुआ हो। और जो विवेकशील होते हैं, उसे केवल और केवल सद्गुण ही अपनी ओर आकर्षित कर सकते हैं। और मैं तुम्हारे जिस सद्गुण से आकर्षित हुआ था वह था तुम्हारा सत्य बोलना।

हम अपने आप को रचनाकार ही समझते हैं जमाना हमें बेकार समझता है। तुम्हारी बात कड़वी ही सही मगर सच है। मुझे स्वीकार है। पर इस जघन्य अपराध के लिए गजल परिवार भी दोषी है। जिसका एक कारण अज्ञानता भी है। मैं प्रेम का दावा नहीं, प्रेम करता हूं। भले ही तुम करो या...।

सिर्फ तुम्हारा...
शीतल

डियर शीतल विराम जी

सादर नमस्ते!

पुनः आपका विशाल मगर अधूरा पत्र मिला। यदि इतना लंबा पत्र किसी सहेली का होता ना? तो मैं ऊब चुकी होती। परंतु "लव एडिक्ट" हूं ना? इसलिए इसमें आनंद ही आता गया। अच्छा पत्र के लिए धन्यवाद! इसके लिए भी शुक्रिया, कि आपने बड़े अच्छे अच्छे शेर लिखे हैं। अब मैं तो कवियित्री या शायरा नहीं हूं। जो जवाब में शेर लिखूं। खुशी हुई कि मेरे पत्र से आपको प्रसन्नता होती है। कम से कम मेरा भी ऐसा कोई चाहने वाला महबूब तो है। है कि नहीं?

प्रिय एवं मधुर शीतल विराम जी! आपने लिखा है आप उनमें से नहीं हैं। यह तो मैं पहले से ही जानती हूं। पर दाद देनी होगी आपकी हिम्मत की। आप जैसे लोग यदा-कदा ही मिलते हैं। जो अपनी आलोचना करते हैं एवं अपने बारे में कड़वे सच को भी अमृत ही समझते हैं। हां आपने तितली की फूंक की बात कही थी। सच ही तो है। आपकी सेहत को देखकर आपकी बात की सत्यता " जो मर जाए तितली की फूंक से मैं

वही हूं " की पुष्टि मैं किये देती हूं।

आप जब मेरे डांटने पर रो सकते हैं, तो आप को जहर देने की आवश्यकता ही क्या है? यूं तो आपके विचार बड़े सुंदर होते हैं। पर, कृपया हल्के फुल्के शब्दों का प्रयोग क्या करें। आपकी शायरी मेरी समझ में नहीं आती। आती है मगर देर से। अरे यह क्या?...?

आपने मुझे शक्की कहा? अच्छा! इस बार तो माफ कर देती हूं। भविष्य में नाराज हो जाऊंगी, हां! समझ गए शीतल जी? प्रिय मित्र मेरी बातों से यदि आपको कष्ट पहुंचा हो तो सह लीजिएगा अन्यथा माफी चाहने वाली नहीं हूं मैं। वैसे भी ग़लतियां हमेशा लड़के ही करते हैं। हम लड़कियों से ग़लती होती है? कभी भी? नहीं ना? धन्यवाद!

सहने के बाद माफ तो कर देंगे ना? वरना मैं रूठ जाऊंगी...। तो आपको नन्हें-नन्हें दिल से शुक्रिया अदा करती हूं। अच्छा अब जरा तबस्सुम तो फरमाइए फिर मिलूंगी आइंदा।

आपकी प्रियतम

ग़ज़ल श्री

प्रिय मधुर हृदयी ग़ज़ल

सप्रेम व सस्नेह यादों के फूल!

शुक्रिया! मेरी मीठी महबूब गजल। मुझे तुम्हारे नाजुक हाथों लिखा पत्र प्राप्त हुआ। मेरी मोहिनी गजल सच कहना, सच सुनना, एवं सच सहना तीनों मेरे आदर्श हैं एवं सच स्वीकार करना मेरा धर्म है। अच्छा तो जनाब की डांट से मैं रोने लगता हूं? अजीब विरोधाभास है! मेरी सहृदयी महबूब ने पहले कहा कि मैं जहर खा कर भी नहीं मरता और डांटने पर रोने लगता हूं। विनम्र स्वभावी मेरी महबूब, वक्त जब डांटता है ना तो इंसान रोए बिना नहीं रह सकता है। खैर!

मेरी चंचल व छबीली महबूब तुमने मेरे वाक्य का केवल एक रुख़ देखा दूसरा पहलू नहीं देखा। मैं अपनी बुराइयों से संघर्ष कर रहा हूं मैंने यह संकल्प लिया है कि मैं अपनी बुराइयों को मिटाकर रहूंगा। इसके लिए मुझे जितना भी पुरुषार्थ क्यों न करना पड़े। और अब तो इतना सक्षम हूं ही कि अपने अवगुणों को तितली की फूंक से भी कम प्रयास में उड़ा सकूं बस ज्ञान होना चाहिए। अच्छा तो मेरी महबूब गजल, आपका

आदेश है कि हल्के-फुल्के शब्दों का प्रयोग किया जाए? ऐसा प्रतीत होता है कि आप खत अकेले या तनहाई में नहीं पढ़तीं वर्ना मेरी महबूब के समझने का स्तर क्या है? अच्छी तरह मालूम है। और जिन को समझ में नहीं आता है, उनको कहिए कि शांत मन से निर्मल व स्वच्छ भावना से पूर्वग्रह व दुराग्रह से ऊपर उठकर सुनें या पढ़ें। आशा है समझना सरल हो जाएगा।

वैसे मैं किसी को क्षमा नहीं करता क्योंकि मैं किसी के अवगुण चित नहीं धरता, भुला देता हूं, मगर सबक लेने के बाद। मैं वो शख्स हूं जो हर हाल में दुआ देता हूं। पत्र उबाऊ ना हो जाए, इसलिए अभी इतना ही।

तुम्हारा टूटा हुआ दिल
शीतल

"क्या बात है शीतल? जब देखो किसी न किसी को पत्र लिखते ही रहते हो। तुम्हें अपने कॅरियर की कुछ चिंता भी है? यह लेखन तुम्हारे किसी काम ना आएगा पहले अपना कॅरियर बनाओ कॅरियर। " मोनू ने

कहा जो पास ही कुर्सी पर बैठा पत्र समाप्त होने का बड़ी बेसब्री से इंतजार कर रहा था। "यह आवश्यक तो नहीं...", "मैं कुछ नहीं सुनना चाहता बस इतना जानता हूं कि तुम जिस रास्ते पर चल रहे हो, गलत है। " मोनू बीच में ही टोक पड़ा।

आप सिर्फ कहते हैं

बस यही तो मुश्किल है

पहले सुन लिया कीजिए

फिर कहा कीजिए।

"अब लगे मिजाज को चाटने, अबे शायरी मीर व गालिब व निराला को भी कंगाल बना देती है, तो तुम क्या चीज हो?", मोनू ने कहा। "अच्छा छोड़ो यह पत्र पोस्ट करना है। " "तुम करते रहो पोस्ट मैं अपना समय बर्बाद नहीं करता मैं तो चला। " कहते हुए वह चलता बना। आज लेटर पोस्ट किए हुए 15 दिन बीत गए। मगर गजल का कोई पत्र नहीं आया। दिल बेचैन है, मन उदास है, आज भी पोस्ट ऑफिस से मायूस लौटना पड़ा। मन में तरह-तरह की शंकाएं उभर रही हैं। पत्र कहीं उसके माता-पिता अथवा अन्य के हाथों तो न पड़ गया? यद्यपि मैंने उसमें कोई

ऐसी वैसी बात तो नहीं लिखी है, फिर भी भारतीय समाज है ना? यहां कोई भी गजल सिर्फ मां, बहन, बेटी या बीवी ही हो सकती है। और शीतल पिता, पुत्र, भाई, या पति ही हो सकता है। ऐसा किसी भी शास्त्र में स्पष्ट नहीं लिखा है ना ही धर्म ग्रंथ में। और यदि वह यानी ग़ज़ल यानी नारी पुरुष वर्ग द्वारा थोपी गई मर्यादाओं से ऊपर उठकर इंसान होना चाहे तो या बराबरी का अधिकार मांगे तो क्या मजाल के भारतीय पुरुष वर्ग सहन भी कर सकें? मर्दों को क्या-क्या अधिकार प्राप्त हैं? यह बताने की जरूरत नहीं। मर्दों का शराब पीना, हत्या करना, किसी मासूम कली को बेरहमी से मसल देना, यहां तक कि आज भी जुए में पत्नी को हार जाना, हवस के लिए बहन बेटी के फर्क को मिटा देना, अत्यंत घिनौने काम करना धर्म को उतना कलंकित नहीं करता जितना नारी का अधिकार मांगना। वस्तुतः नारी इस समाज में वस्तु से अधिक महत्व नहीं रखती है। और वस्तु अपना अधिकार कैसे मान सकती है?

लोग औरतों को फकत

जिस्म समझ लेते हैं

जान भी होती है

उसमें यह कहां मानते हैं?

"यार शीतल! क्या कर रहे हो? "आते ही मोनू ने पूछा एवं हाथों में एक लिफाफा रखते हुए कहा "ले तेरी महबूब का पत्र है। " "क्यों बे शीतल तू द्रवित क्यों हो गया? तुझे तो खुश होना चाहिए। देख शीतल अंततः मैं तेरा दोस्त हूं। तुझे रोते हुए नहीं देख सकता मेरे यार! मैं तेरी आलोचना करता हूं। इसका यह अर्थ कदापि नहीं कि मैं तुझसे मोहब्बत नहीं करता यार मुस्कुरा और पत्र पढ़ तेरी महबूब का पत्र है। "इतना कहकर मोनू चला गया।

मेरे चाहने वाले शीतल

सप्रेम आदाब!

आपने याद किया। आप का बहुत शुक्रिया! एक सच्ची बात कहूं जी? बिल्कुल सच्ची? अपनी कसम। आप दुबले-पतले होने के बावजूद भी मुझे बहुत प्रिय लगते हैं। सीधे सादे एवं सरल होने के कारण अच्छे लगते हैं। आप आदमी सच्चे लगते हैं। मगर अक़्ल के कच्चे लगते हैं। आप जुमलों की नज़ाकत को समझते नहीं हैं। हर बात का सीधा या फिर गंभीर अर्थ ले लेते हैं। कभी कभी वो भी समझिए जो मैं नहीं कह कर भी कहना चाहती हूं।

इस पत्र का जवाब देने में मैं ने कोई जल्दबाजी नहीं दिखाई। मैं नहीं चाहती कि मेरे कारण आप का अध्ययन प्रभावित हो। कृपया अपने अध्ययन में मन लगाइए। इसी से हमारा भविष्य जूड़ा है। मेरे प्रिय व मीठे-मीठे सनम शीतल! आप ने लिखा है कि मैं पत्र अकेले में नहीं पढ़ती हूं तो जनाबे आली शीतल के पत्र में ऐसा कुछ होता ही नहीं कि छुपाया जाए। और फिर यह भी कि मैं ख़त ख़त की तरह लिखती हूं एवं ख़त ख़त की तरह ही पढ़ती हूं। परंतु इतनी बात तो अवश्य है कि जब तुम्हारा पत्र पढ़ती हूं तो ऐसा एहसास होता है कि मैं शर्बत अधिक पी ले रही हूं। यह बात ठीक है लोग कहते हैं कि गुड़ कहने से ज़बान मीठी नहीं हो जाती तो यह भी तो सत्य है कि नीम कहने से ज़बान कड़वी नहीं होती। पर इतना तो तय है कि व्यंग्य से दिल पर घाव और भी गहरे हो जाते हैं, जबकि दो मधुर बोल समस्त जीवन को मधुरमय बना सकते हैं। बल्कि अधिक सत्य

यही है। आज मधुर बोलने वाले हैं कहां? जिससे मिलो वही मानो मुख से न केवल पत्थर अथवा कांटे बल्कि अंगारे बरसाता है। एक तुम ही तो हो मेरे महबूब प्रिय एवं मधुर शीतल, जो जलते हुए अंगारों पे शीतल जल बरसाने की बात करते हो। प्रेम एवं सदाचार के पथ से मंज़िल पाने का पुरुषार्थ करते हो। वर्ना लोग यहां अपने अनुचित स्वार्थ पूर्ण लक्ष्य की खातिर भी कया कुछ नहीं कर गुज़रते हैं?

मेरे महबूब ने कभी लिखा था कि आप अधिक बोलते हैं। जिसके लिए आप ने अपनी महबूब से क्षमा याचना भी की थी। तो मेले प्लिय मधुल दोस्त! मुझे तुम्हारी बातें बहुत प्यारी लगती हैं बल्कि सच कहूं तुम्हारी कसम बिल्कुल सच? तुम जब बात करते हो तो मुझे अजीब प्रकार का सुख प्राप्त होता है। हर बार एक नई ख़ुशी मिलती है। और फिर तुम कोई ऐसी वैसी निरुद्देश्य बात तो करते नहीं हो जिसे अधिक बोलना कहा जाए। तुम्हारे शब्द शब्द में भलाई, सेवा, परोपकार की भावनाएं छिपी होती हैं। क्योंकि ये तुम्हारे जीवन के उद्देश्य हैं। और

लक्ष्य के प्रति जागरूक एवं प्रतिबद्ध होने से लक्षण तो अवश्य ही व्यवहार से व्यक्त होंगे। ज्ञान की बातें करना यदि अधिक बातें करना है या हानिकारक है। तो, मैं नहीं समझती कि यह बातें वे कहते हैं जिनके पास नफ़रत के लिए तो पूरा जीवन है, मगर प्रेम की बातें करने या सुनने की क्षमता और फुर्सत दोनों ही नहीं हैं। वे केवल मशीन के पुर्जे के समान हैं। और मशीन के पुर्जे एक ही बात सुनते हैं। वह भी केवल आर्थिक लाभ की बात। दोस्त, तुम कोई भी बात इसलिए सरलता से कह जाते हो क्योंकि तुम्हारा हृदय निर्मल है, मन स्वच्छ है और तुम लोगों की परवाह नहीं करते, "सांच को कया आंच?" तुम्हारे सैंकड़ों पत्रों से एवं तुम्हारी बातों व विचारों से एक बात तो स्पष्ट है कि तुम बहुत ही सरल इंसान हो और सरल होना कोई साधारण बात नहीं। मेरे मनमीत शीतल, आदर्श एवं पाखंड में बहुत बारीक अंतर होता है। ज़रा संभल कर चलें। फिर मिलूंगी जब याद करोगे।

तुम्हारी प्यारी सी मीठी

ग़ज़ल

"हेलो! शीतल विराम जी। " राजीव और पलाष ने आते ही कहा। "ज़हे नसीब हमारे दो प्रेमी तो दूज का चांद हो गए "मोनू ने कहा जो पास ही बैठा था। "और बोलो क्या कर रहे थे तुम दोनों?" राजीव ने पूछा। "कुछ नहीं बस शीतल महोदय अफसाना लिख रहे थे। "बीच में ही पलाष ने पूछा। " शीतल खामोश क्यों हो?" " शीतल बोलना प्रारंभ करेंगे तो हम तीनों को खामोश कर देंगे। " " नहीं मैं सोच रहा हूं कि मेरे मित्र गण मुझे भूल भी सकते हैं? " " नहीं शीतल तुम हम सबके दिल में बसे हो। हम तुम्हारे विचारों व आदर्शों का सम्मान करते हैं। " पलाश ने कहा। " अच्छा बताओ अफ़्साने का उनवान क्या है?शीर्षक क्या है?" राजीव ने पूछा। " कलमी रिश्ता " उत्तर मिला। " अच्छा है" राजीव ने कहा। " हां प्रेम पत्र पर आधारित कुछ खट्टी, कुछ मीठी बातें हैं जो सुधी एवं विवेकशील पाठकों को अपनी ओर आकर्षित करती हैं। " मोनू ने व्याख्या की। " जरा सुनाओ तो शीतल?" पलाश ने ईच्छा ज़ाहिर की। "तो सुनो। " सभी ग़ौर से सुनते हैं। पहला पत्र समाप्त होता है। पलाश

ने बीच में ही टोकते हुए कहा " बस बस समझ गया। कोई असली प्रेमिका तो है नहीं तो बेचारे शीतल करें क्या? कभी गजल तो कभी कविता को प्रेम पत्र लिखते रहते हैं। "

नहीं ऐसा नहीं है पलाश, तब तुम ने शीतल के पत्रों की फाइलें नहीं देखा, निकालूं क्या?" मोनू ने कहा ना ना ना ... ना भई ना कोई आवश्यकता नहीं। "हम लोग तो प्रेम करते हैं, प्रेमिकाओं के साथ मजा करते हैं और जी में आया तो छोड़ भी देते हैं याह आई एंजॉय ओनली और शीतल महोदय लव की फिलॉसफी समझाते होंगे अपनी प्रियशी को। " पलाष यह क्या कर हंसने लगा। " हंस क्यों रहे हो?" मोनू ने पूछा। "शीतल ही तो कहता है हंसना और मुस्कुराना मुफ्त की खुराक है। " पलाश ने जवाब दिया। "तो फिर बांट कर खाओ ना" शीतल ने कहा। सभी हंसने लगे। और शीतल के कंठ से यह शेर फूटा :

भला गर्दिश फलक की
चैन देती है किसे इंशा?
ग़नीमत है कि हम सूरत
यहां दो चार बैठे हैं।

राजीव ने इसी ग़ज़ल का मतला जड़ दिया।

"कमर बांधे हुए चलने को
यहां सब यार बैठे हैं।"

> सच सुनती हूं, सच सच भी लेती हूं, सच कुबूल करती हूं। और और सच ही लिखने की कोशिश करती हूं। इसलिए मैंने जो कुछ लिखा है ना वो अंधी मोहब्बत की बुनियाद पर नहीं बल्कि सच्चाई पर आधारित है।

वाह! "बहुत आगे गए बाकी जो हैं तैयार बैठे हैं।"

रंजना ने आते ही शेर पूरा कर दिया।
"आइए आइए शीतल की ज़बान में कहूं तो मधुर व स्नेहिल रंजना प्रिय आइए तशरीफ़ लाइए।" पलाश ने कहा। " बस तुम्हारी ही कमी खल रही थी " मोनू ने कहा।

चमन अच्छा नहीं लगता
कली देखी नहीं जाती
गुलों के दरमियां तेरी
कमी देखी नहीं जाती।

शीतल ने शेर जड़ दिया। "आदाब अर्ज है। " रंजना ने उत्तर स्वरुप कहा। " एक बात बोलूं शीतल बुरा तो नहीं मानोगे ना?"
" अच्छा रंजना तो तुम्हारी बातों का शीतल बुरा भी मानता है "अरे नहीं नहीं ऐसा नहीं है शीतल, मेरा यह मतलब नहीं था। दरअसल मैं कहना चाहती हूं कि तुम अब अपनी पढ़ाई पर ध्यान दो। " " शुक्रिया रंजना अब ऐसा ही करूंगा। " शीतल ने उत्तर दिया। " रंजना ठीक ही तो कहती है शीतल। " पलाष ने कहा। "ऐसा नहीं कि शीतल पढ़ता नहीं है पढ़ता तो रात दिन है मगर कब क्या पढ़ना चाहिए इसका चुनाव शीतल महोदय नहीं करते। "मोनू ने कहा "यही तो ग़लत है। कब क्या पढ़ना है। इसका चुनाव तो अवश्य करना चाहिए। बिना चुनाव किए पढ़ने का मतलब एकाग्रता की कमी है। और जब ध्यान केंद्रित नहीं होगा तो पढ़ाई

में मन नहीं लगेगा। इसलिए एकाग्रता बहुत ही आवश्यक है। ” रंजना ने कहा। “ अच्छा शीतल, अब हम चलते हैं, अध्ययन भी करना है। ” कहते हुए रंजना चली जाती है। शीतल फिर पत्र लिखता है।

मेरी प्यारी प्यारी सी ग़ज़ल

मेरा सलामएमुहब्बत कुबूल करो।

तुम्हारी प्यारी प्यारी तहरीर मेरे सामने मुस्कुरा रही है। हां, मेरी दोस्त, मेरी महबूब ग़ज़ल! ऐसा लगता है जैसे तुम्हारी तहरीर नहीं बल्कि स्वयं तुम मुस्कुरा रही हो। सच कहता हूं, तुम्हारी कसम।

प्रियवर मधुर ग़ज़ल! इस बार मेरी महबूब ने कुछ ज्यादा ही तारीफ़ कर दिया जबकि अकेला चना भाड़ नहीं फोड़ सकता है। फिर भी तुम्हारा पत्र मुझे बहुत ही अच्छा लगा। मगर एक दोस्त एवं महबूब की ज़बान से प्रशंसा के अल्फ़ाज़ अच्छे नहीं लगे। तुम्हें तो मालूम ही है मेरी प्यारी, हंसमुख सहृदयी इंसान ग़ज़ल! कि मुझे अपनी आलोचना पसंद है। क्योंकि इस से व्यक्तित्व में निखार आता है। मेरी मीठी मीठी सी अच्छी व सच्ची दोस्त! तुमने इस पत्र में एक जगह यह

उल्लेख किया है कि मैं कोई साधारण इंसान नहीं जो सरासर अंधी मुहब्बत और अंध भक्ति एवं अंध श्रद्धा की ज़बान से निकली हुई बात है। लोग कहते हैं कि मुहब्बत

फिर भी तुम्हारा पत्र मुझे बहुत ही अच्छा लगा। मगर एक दोस्त एवं महबूब की ज़बान से प्रशंसा के अल्फ़ाज़ अच्छे नहीं लगे। तुम्हें तो मालूम ही है मेरी प्यारी, हंसमुख सहृदयी इंसान ग़ज़ल! कि मुझे अपनी आलोचना पसंद है।

अंधी होती है। श्रद्धा भी अंधी होती है। ज़रा संभल कर सोचो, अंधापन एक अवगुण है जबकि मुहब्बत और श्रद्धा सदगुण हैं। और जिस के साथ इस अवगुण का मिश्रण हो तो वे चीज़ें या बातें अच्छी कैसे हो सकती हैं? अंधी मुहब्बत सही रास्ते नहीं चल सकती। ऐसी ही मुहब्बत कलंकित भी हो सकती

है। जबकि पवित्र प्रेम सर्वदा पूज्यनीय है। है कि नहीं? अतः मुहब्बत को अंधी कभी नहीं होना चाहिए।

भारतीय संस्कृति की एक विशेषता यह भी है मेरी प्यारी महबूब, कि यहां विचारवान नारी या पुरुष को देवी या देवता बना दिया जाता है। मेरे विचार में मेरी मधुशाला, मेरी हबीब! अगर हो सके तो ये रूढ़िवादिता की जंजीर तोड़ दो। और इंसान को इंसानियत सहित इंसान ही रहने दो।

आओ कुछ देर ठहर जाएं यादों की छांव में। चाहा तो बहुत लिखना मगर शब्द शब्द पे आंसू छलक पड़े। फिर कभी लिखूंगा ज़िन्दगी के बारे में।

तुम्हारा यूं ही
शीतल

मेरे प्यारे व मीठे-मीठे शीतल

गुलहाए मुहब्बत!

पत्र पढ़ कर बहुत खुशी हुई। मगर मेरे प्रिय एवं मनहर मित्र शीतल! मैं शीतल की दोस्त हूं। सच कहती हूं, सच सुनती हूं, , सच सच भी लेती हूं, सच कुबूल करती हूं। और और सच ही लिखने की कोशिश करती हूं। इसलिए मैंने जो कुछ लिखा है ना वो अंधी मोहब्बत की बुनियाद पर नहीं बल्कि सच्चाई पर आधारित है। और यह भी एक सच्चाई है शीतल, कि आप से अंधी मोहब्बत हो भी नहीं सकती है क्योंकि आप अंधी मोहब्बत के लायक ही नहीं हैं। और मैं इंसान को इंसान ही समझती हूं।

मेरे अच्छे और सच्चे दोस्त, पत्र की अंतिम पंक्तियां पढ़कर मैं द्रवित हो गई। ऐसी क्या बात थी? जो मेरे शीतल ने मुझे नहीं बताया, और रो पड़े? जिंदगी ने तुम्हें सताया है ना मेरे दोस्त? इसलिए तुम मुझे नहीं लिख पाए? वैसे तुम तो इस सरहद से आगे निकल गए हो। खुशी का स्वागत भी करते हो ग़म को रुसवा भी नहीं होने देते। तो प्रियवर, फिर ये मायूसी कैसी? मुस्कुराओ, जियो तो जिंदगी के साथ जियो। बस आइंदा...।

तुम्हारी अपनी प्यारी
ग़ज़ल

"क्या कर रहे हो शीतल?"रंजना ने आते ही पूछा। " कुछ नहीं बस पत्र पढ़ रहा था। " "कहो कैसे आना हुआ?" " बात यह है

शीतल कि... आलमपुर से ग़ज़ाला जो मेरी सहेली भी है और गजल की अच्छी दोस्त भी है वह आई हुई है। वह तुमसे मिलना चाहती है। " "तो उसे साथ ही ले आती, खैर! चलो चलते हैं। "

चिड़ियां जाग उठी हैं। वे सभी सूर्य के स्वागत में मधुर संगीत के राग अलाप रही हैं। उनके गीतों से सारी प्रकृति संगीतमय हो उठी है। चांदनी भी धीरे-धीरे सुबह के सूरज को झुक कर सलाम कर रही है।

"आदाब ग़ज़ाला साहिबा! ख़ाकसार को शीतल विराम कहते हैं। " "शुक्रिया! नाचीज ग़ज़ाला के नाम से जानी जाती है। आलमपुर से जनाब के दीदार के लिए तशरीफ़ लाई है। " अच्छा शीतल, शायरी छोड़ो, चाय पियो। चाय पीते हुए शीतल पूछता है। "

कुछ ग़ज़ाला साहिबा! ग़ज़ल के बारे में... भी। " जरूर कहूंगी मगर आप मुझे सिर्फ ग़ज़ाला ही पुकारिए तो मुनासिब होगा। " " शुक्रिया एक दीवार तो टूटी? " शीतल ने कहा। "दीवारें एक न एक दिन टूट ही जाएंगी शीतल, दिल कोई शैतान का घर थोड़ी ना है कि जहां दीवारों पर भी दीवार खड़ी हो जाती है या दीवारों के बीच में भी दीवार उठा दी जाती है। " रंजना ने कहा। " बेशक" ग़ज़ाला ने कहा। " हां तो आप फ़रमा रही थीं ग़ज़ल के बारे में। " " माफ़ करें शीतल साहब आप की ग़ज़लें ज़्यादा नहीं पढ़ी हूं। " ग़ज़ाला हंसती हुई बोली। "आप भी बड़ी नटखट हैं? आप काफी हंसमुख मालूम पड़ती हैं। मैं शीतल की महबूब के बारे में...। " " अच्छा तो आप मेरी ग़ज़ल के बारे में जानना चाहते हैं। तो सुनिए" ग़ज़ाला बीच में ही बोल पड़ी। "शीतल साहब ग़ज़ल मरौवत पसंद लड़की है। वह नहीं चाहती कि किसी का दिल टूट जाए। किसी को उसके कारण सदमा पहुंचे। " " कृपया स्पष्ट शब्दों में बताने की तकलीफ़ गवारा करेंगी तो मेहरबानी होगी। " शीतल ने बेचैन हो कर टोका। " बात यह है शीतल

जी, कि ग़ज़ल का रिश्ता तय हो चुका है। उस के पापा ने किसी को ज़बान दे दी है। "

"ओह! "

शीतल के कंठ से यह सत्य निकल गया। फिर भी शीतल ने बड़ी ही खूबसूरती से खुद को संभाला और कहा: " तो इस में ग़लत क्या है? बुराई क्या है? यह तो बड़ी खुशी की बात है, लो इसी ख़ुशी में चाय... अरे यह तो ख़त्म हो गई? "

ग़ज़ाला : शीतल साहब बात समझने की कोशिश कीजिए। आख़िर ग़ज़ल एक लड़की है।

शीतल: वो तो सौ फीसदी है ही। अच्छा तो आप यह कहना चाहती हैं कि वो एक लड़की है। और उससे इस प्रकार पत्र संबंध रखना उचित नहीं है। ठीक है एक बात बता दीजिए। क्या ग़ज़ल ने ऐसा कहने को कहा है?

ग़ज़ाला: अब छोड़िए इन बातों को आप स्वयं समझदार हैं।

शीतल: सिर्फ इतनी सी बात के लिए आप आलमपुर से आई हैं? मैं भी इतना बेमरौवत तो नहीं? ग़ज़ल अगर ख़त में इसका ज़िक्र कर देती, तो भी काफी था।

ग़ज़ाला: तो फिर आप से, रंजना से और आप की सर्किल के बहुत से अच्छे-अच्छे समझदार सुलझे हुए दोस्तों से मुलाकात कैसे होती?

शीतल: शुक्रिया!

रंजना: शीतल! ग़ज़ाला अच्छी लड़की है, सुंदर भी है। मैं भी बुरी नहीं हूं यार! अच्छा तो मीटिंग समाप्त की जाए?

रंजना ने अटखेलियां करते हुए पूछा।

शीतल: बस एक बात और! शादी में शिरकत करने की दावत भेज देने को कहिएगा ग़ज़ाला जी। ये दोस्ती का तक़ाज़ा भी है। है ना रंजना?

ग़ज़ाला: ज़रूर कहूंगी बल्कि भिजवा दूंगी। वैसे आप से मिल कर बेहद ख़ुशी हुई। जितना सुना था उस से ज्यादा बेहतर पाया। जीवन के किसी मोड़ पर ज़रूरत पड़ी तो ज़रूर याद कर लीजिएगा।

शीतल: माफ़ कीजियेगा ग़ज़ाला जी, शीतल की ज़िंदगी का अर्थ जमाने को देना है ज़माने से लेना नहीं। हां कभी आप के काम आने का मौका मिला तो मैं आपकी

इजाजत का इंतजार नहीं करुंगा। क्योंकि मैं स्वार्थी ना था, ना हूं, ना ही हो पाऊंगा। वैसे आप की ज़र्रा नवाजी का शुक्रिया! समझ गया कभी भी खूंटे से बंधे जानवरों से, पिंजरे में बंद पक्षियों से, दीवारों में गड़े मुर्दे

> दूल्हा भी शीतल का हाथ अपने हाथों में लेकर उसे तसल्ली दे रहा था। संभवतः वह लोगों से शीतल के बारे में जान चुका था। उसकी निःस्वार्थ कुर्बानी व जांबाज़ी की मिसाल तो वह देखी चुका था।

से, और जंजीरों में कैद सुंदरता से मुहब्बत नहीं हो सकती है। और सोने के पिंजड़े में बंद चिड़िया से मुहब्बत? कभी नहीं करुंगा। अच्छा, रंजना इजाज़त दो। ज़िंदा रहने की तमन्ना हुई? और ज़िंदा रहा? तो भी कम ही मिलूंगा। मर गया तो तुम से परलोक में,

ग़ज़ाला जी से क़यामत में मुलाकात का वादा रहा। दोनों को मेरा सलाम। अलविदा!

"ख़ुदा हाफ़िज़" ग़ज़ाला ने जवाब दिया।

लगभग 3 महीने हो गए। अभी तक ना ही शीतल ने खत लिखा ना ही ग़ज़ल ने। शीतल आजकल उदास रहने लगा है। हालांकि उसकी उदासी ज़ाहिर नहीं होती है। वह सोचता है। "लड़कियां क्या हैं? क़ैदी! घर बदलता है, जंजीर भी बदल जाती है। मगर ये तो कैदी ही रहती हैं ना? यह नियम बनाए किसने? इसमें औरतों की कितनी साझेदारी है? और क्या मेरी अंतरात्मा औरतों की स्वतंत्रता को स्वीकार करती है? सवाल यह नहीं शीतल, विवेकानंद ने कहा था, जो जैसा सोचता है वैसा हो जाता है इसलिए अच्छा सोचो। " शाम का वक्त था। सूरज की रोशनी धीरे-धीरे मद्धम होती जा रही थी। चिड़ियों का पेड़ों पर लौटना व चहचहाना होना शुरु हो चुका था। कोयल जब जब कूकती शीतल की आंखों से आंसू छलक पड़ते। शीतल बैठे-बैठे ऊब चुका था। अत: वह टहलने निकल पड़ा। शीतल के निवास स्थान से आलमपुर का फासला चंद दिनों

का है। आलमपुर के लिए जाने वाली सड़कें शीतल के गांव से होकर गुजरती हैं। कल शीतल को भी आलमपुर के लिए रवाना होना है। टहलते टहलते काफी रात हो चुकी है। चांदनी मुस्कुराने लगी है, बागों में सफेद फूल मानो दूध में नहा कर आईना देख रहे हों! चिड़ियां खामोश हो चुकी थीं। लेकिन कोयल की मीठी मीठी सदाएं अब भी शीतल को रुला देतीं। वह चुपके चुपके न जाने क्यों रोने लगता है? इसी बीच शीतल को याद आया "अरे कल तो ग़ज़ल की शादी खाना आबादी है। और आलमपुर जाना है। "फिर शीतल बाग़ से लौट कर घर आता है और जल्द ही सो जाता है।

चिड़ियां जाग उठी हैं। वे सभी सूर्य के स्वागत में मधुर संगीत के राग अलाप रही हैं। उनके गीतों से सारी प्रकृति संगीतमय हो उठी है। चांदनी भी धीरे-धीरे सुबह के सूरज को झुक कर सलाम कर रही है। चिड़ियों की चहचहाहट मानो फिज़ा में संगीत के नए राग छेड़ रही है। चहुंओर ख़ुशियों के फूल खिल रहे हैं। ऐसा लग रहा है मानो सूरज ने आते ही प्रकृति में जान डाल दी हो।

शीतल जाग चुका। है सूरज भी जाग चुका है। सूरज धीरे धीरे चढ़ ही रहा है। गर्मी और तेज़ हो रही है। शीतल भी अपनी मंजिल की ओर बढ़ रहा है। गाड़ी की रफ्तार तेज़ है। मानो शीतल जल्द से जल्द अपनी मंजिल को छू लेना चाहता हो। इसी बीच गाड़ी रुक जाती है। "अरे यह क्या हुआ इसे भी आज ही खराब होना था? " शीतल ने स्वयं से कहा। लगभग डेढ़-दो घंटे के बाद एक परिचित का गुजर हुआ। उसने हमदर्दी के जज़्बे के तहत रुक कर पूछा "क्यों शीतल साहब! क्या मेरे लायक कोई सेवा?" "बस भाई, हो सके तो किसी मैकेनिक को भेज देना"। शीतल ने दरखास्त की। कुछ देर बाद मेकेनिक आता है। और गाड़ी बनाने में लग जाता है। इसी बीच एक आदमी हांफ्ता हांफ्ता भागता आता नजर आता है। शीतल उसे रोककर पूछना चाहता है। मगर वो नहीं रुकता है, तो शीतल जबरदस्ती उसे रोकता है और पूछता है। "भाई बताओ तो आखिर बात क्या है? " उस अजनबी का गला रूध गया था उसने बड़ी मुश्किल से कहा "कुछ बदमाश...। " शीतल समझ जाता है। इसी

बीच गाड़ी भी ठीक हो जाती है। शीतल मैकेनिक से नज़दीक के थाने का नाम पूछता है फिर डायरी में उसका फोन नंबर ढूंढता है और फोन नंबर मिलते ही फ़ोन करता है।

> शीतल गाड़ी से रिवाल्वर निकालता है। और हवाई फायरिंग करता है। दोनों ओर से गोलीबारी होती है। दुर्भाग्य से शीतल को एक गोली लग जाती है मगर तब तक पुलिस आ चुकी होती है और चारों ओर से डकैत घिर जाते हैं।

और मुसीबत में घिरे लोगों की सहायता के लिए पहुंचता है।

शीतल गाड़ी से रिवाल्वर निकालता है। और हवाई फायरिंग करता है। दोनों ओर से गोलीबारी होती है। दुर्भाग्य से शीतल को एक गोली लग जाती है मगर तब तक पुलिस आ चुकी होती है और चारों ओर से डकैत घिर जाते हैं। मुठभेड़ में कुछ पुलिस जवान भी घायल हो जाते हैं। अंततः डकैत आत्मसमर्पण करते हैं। अरे यह क्या? दूल्हा भी ज़ख्मी है। यद्यपि दूल्हे को गोली नहीं लगी पर चाकू आदि का जख्म है। घायलों को अस्पताल ले जाया जाता है। दूल्हे की हल्की फुल्की मरहम पट्टी करने के बाद उसे छोड़ दिया जाता है। और फिर बारात पुलिस की सुरक्षा में अपनी मंजिल तक पहुंचती है। शादी विवाह की रस्में जल्द अदा कर दी जाती हैं। धीरे-धीरे शीतल की चर्चा आम हो जाती है। उसके कारण दूल्हा व बाराती बच गए वरना...। बातों बातों में यह खबर ग़ज़ल तक पहुंच जाती है फिर तो ग़ज़ल की सिसकियां बंध जाती हैं। उसके आंसू रोके नहीं रुकते हैं। ग़ज़ाला और रंजना एवं अन्य सहेलियां ग़ज़ल को तसल्ली देती हैं। परंतु स्वयं उनके आंसू रोके नहीं रुक रहे हैं। शीतल के दूसरे साथी जो ग़ज़ल की शादी में शिरकत करने के लिए आए थे, सभी शीतल को देखने चले जाते हैं। शीतल बेहाल पड़ा है। और अब तो अब वह वक़्त भी आ पहुंचा जब बारात विदा होगी।

सुबह हो चुकी थी। शहनाइयां ख़ामोश नहीं थीं बल्कि बहुत ही धीरे धीरे से बिस्मिल्लाह खान साहब की धुन बजा रही थीं। बारात की वापसी की तैयारियां हो चुकी थीं। चलो बारात भी विदा होने लगी। कारें एवं बसें धीरे-धीरे आगे बढ़ने लगीं। सूरज

यह मेरी दोस्ती की सच्चाई ही है कि मुझे तुम्हारी डोली को कांधा देने में परेशानी नहीं हुई। मेरी प्रिय एवं मधुर मित्र ग़ज़ल यह वैचारिक पराकाष्ठा का युग है यहां रिश्ते तो रिश्ते स्वयं इंसान अपने आप में ही बिखर रहे रहे हैं।

ऊपर चढ़ा आया था। रास्ते में ही हस्पताल पड़ता था। गाड़ियां वहां रुकीं। सभी लोग शीतल को देखने गए। शीतल को होश आ चुका था। पर, वह न जाने क्यों रो रहा था? सभी उसे तसल्ली दे रहे थे।

दूल्हा भी शीतल का हाथ अपने हाथों में लेकर उसे तसल्ली दे रहा था। संभवतः वह लोगों से शीतल के बारे में जान चुका था। उसकी निःस्वार्थ क़ुर्बानी व जांबाज़ी की मिसाल तो वह देखी चुका था। ग़ज़ल के पिता ने दूल्हे से यह कहकर परिचय कराया कि "यह ग़ज़ल के दोस्त हैं। " दूल्हे ने कहा " यह केवल ग़ज़ल के ही नहीं, मेरे भी दोस्त हैं। मुझे इन पर नाज़ है। " इसी बीच धीरे धीरे संभल कर चलती हुई दूल्हन भी अपनी नंदों के साथ रोते बिलखते आ गई। बिस्तर पर लेटे शीतल को रोते देख ग़ज़ल ताब न ला सकी और शीतल से लिपट कर ख़ूब रोई। ग़ज़ल के पिता ने उसे तसल्ली देते हुए कहा "मत रो गजल, तेरा रोना अच्छा नहीं कब से रोए जा रही है चुप हो जा" मगर ग़ज़ल से ये अल्फ़ाज़ भी सहे ना गए, वह ज़ार ज़ार रोने लगी। फूट-फूट कर रोने लगी। तब शीतल ने उसके आंसू पोंछते हुए उसे एक काग़ज़ का टुकड़ा दे दिया। जिसे पढ़ने की हालत में ग़ज़ल नहीं थी। उसने ख़त को आंखों से लगाया और दूल्हे को दे दिया। दूल्हे ने बुलंद आवाज में ख़त पढ़ कर सुनाया।

ऐ मेरी प्यारी दोस्त ग़ज़ल!

शादी मुबारक! खुशियों के फूल मुबारक! तुम हमेशा मुस्कुराती रहो। झूमती गाती रहो। तुम तो जानती हो कि मेरी भावना किसी के काम आने की है। यह मेरी खुशकिस्मती है कि न सिर्फ तुम्हारे काम आया बल्कि कितनों के काम आया। यह मेरी दोस्ती की सच्चाई ही है कि मुझे तुम्हारी डोली को कांधा देने में परेशानी नहीं हुई। मेरी प्रिय एवं मधुर मित्र ग़ज़ल यह वैचारिक पराकाष्ठा का युग है यहां रिश्ते तो रिश्ते स्वयं इंसान अपने आप में ही बिखर रहे रहे हैं। बस एक गुज़ारिश है, ग़ज़ाला की बातों से लगा था कि मुझसे मेरी दोस्त छिन रही है। मैं पहले ही बहुत अकेला हूं कृपया मुझसे मेरी दोस्त नहीं छीनना। यह रिश्ता दर्द का रिश्ता है। कलम का रिश्ता है। क़लमी रिश्ता है। और प्लीज़ रोना मत कि मुझे आंसुओं से परेशानी होती है। मैं ठीक हूं कृपया हंसो और सदा मुस्कुराओ।

तुम्हारा दोस्त,
शीतल विराम।

"नहीं शीतल साहब आपके दोस्त, यानी मैं और ग़ज़ल को, अब आप से कोई नहीं छीन सकता। सच तो यह है कि हम भी आप सा दोस्त खोना नहीं चाहते।" दूल्हे ने ख़त में लिखे आग्रह के उत्तर स्वरूप कहा एवं ग़ज़ल अपने पल्लू से शीतल के आंसू पोंछ डालें।

गजल

🖋 परवेज़ शीतल

महकम जिसका इरादा है
चाँद पे वो जा पहुचा है
देख के टूटे फूल को कयों
नाजुक दिल रो देता है
हर एहसान भुला देगा
सांप की फ़ितरत डसना है
प्यार से चाहे नफरत से
कँटा तो बस चुभता है
टूट गया तो हम समझे
आइना बेशक सच्चा है
देख के सूरज की किरणें

दिल में कँवल खिल जाता है
पर्दे में हर सच है छुपा
झूठ का जिस पे पहरा है
डूब सको तो जानो गे
सागर कितना गहरा है
जिसको ज़बाँ आती ही नहीं
अब वो उर्दू पढ़ाता है
प्रेम भरी बातों से भी
दुश्मन ज़ह्र पिलाता है
इसका भरोसा मत करना
ओ शीतल जी ये दुनिया है

मेरा जीवन है

✍ परवेज़ शीतल

कविता मेरा जीवन है
मैं कविता का जीवन हूं
कविता मेरा दर्पण है
मैं कविता का दर्पण हूं

कविता मेरा सपना है
मैं कविता का सपना हूं
कविता मेरी अपनी है
मैं कविता का अपना हूं

कविता मुझ में हंसती है
मैं कविता में हंसता हूं
कविता मुझमें रोती है
मैं कविता में रोता हूं

कविता मुझ में तन्हा है
मैं कविता में तन्हा हूं
कविता मुझ को प्यारी है
मैं कविता को प्यारा हूं

कविता मेरी गंगा है
मैं गंगा की धारा हूं
कविता मेरी ममता है
मैं ममता का सहारा हूं

ग़ौर से देखो शीतल इसको
ये ब्रह्मांड कविता है
एक ही श्रोत से निकली
लेकिन नित नई सरिता है

शाहाना परवीन 'शान'

कवयित्री एक गृहणी हैं और 'उड़ान' के संपादन मंडल में अवैतनिक संपादकीय सदस्य हैं। आपकी अब तक कई पुस्तकें प्रकाशित हो चुकीं हैं और कई साझा संकलनों में रचनाएं प्रकाशित हो चुकीं है। आप उत्तर प्रदेश के मुजफ्फरनगर ज़िले में निवासरत हैं।

हमारी शिक्षा और शिक्षा में सुधार

कुछ विषय बहुत गहरे होते हैं उनके बारे में जितना भी लिखा जाए कम है। इन्हीं विषयों में से एक विषय है "शिक्षा" जो अपने आप में बेहद ज्ञानवर्धक होने के साथ सागर के समान गहरा व विशाल है। किसी से भी शिक्षा के विषय पर बात की जाए या परिचर्चा की जाए तो सभी का उत्तर भिन्न ही होगा। आज हम बात करते हैं शिक्षा में सुधार की। पहले बात करेंगें शिक्षा की ...

शिक्षा :- साधारण शब्दों में यदि शिक्षा के बारे में बात की जाए तो सीखने व सिखाने की प्रक्रिया का नाम ही शिक्षा है। शिक्षा मानव को उसकी संस्कृति का ज्ञान कराती है। व्यक्ति के ज्ञान व कौशल में वृद्धि कर उसे सभ्य बनाती है। आगे चलकर वही सभ्य व्यक्ति एक योग्य नागरिक बन देश की सेवा कर पाता है।

प्रसिद्ध व्यक्तियों द्वारा शिक्षा की परिभाषाएँ

गाँधी जी के अनुसार, " शिक्षा से अभिप्राय बालक में निहित शारीरिक, मानसिक व आत्मिक शक्तियों का सर्वांगीण विकास है।"

स्वामी विवेकानंद जी के अनुसार, " शिक्षा मनुष्य में निहित दैवीय पूर्णता का

प्रत्यक्षीकरण है।"

टैगोर के अनुसार, "शिक्षा वह है जो हमारे जीवन में सभी अस्तित्वों के साथ सामंजस्य पूर्ण सम्बंध बनाती है।"

यहाँ महान शक्सियतों की शिक्षा के बारे में परिभाषाएँ बताई गई हैं जो एक ही ओर इशारा कर रही हैं कि शिक्षा व्यक्ति को ना केवल शिक्षित करती है बल्कि उसके अंदर की उस शक्ति को भी जाग्रत करती है जिसका आभास उसे कभी नहीं होता। शिक्षा एक पुरूष में पूर्ण रूप से अपने सही निर्णय लेने व देने की क्षमता उत्पन्न करती है। शिक्षित व्यक्ति अपना हर कार्य सोच विचार कर करता है।

शिक्षा पहले और आज

आज समय बदल चुका है पहले की शिक्षा और आज की शिक्षा में काफी अंतर देखने को मिल जायेगा। पहले शिक्षक को भगवान का रूप समझकर उसकी पूजा की जाती थी। बच्चों द्वारा उन्हें अपना आदर्श समझा जाता था। शिक्षक भी काफी हद तक विधार्थियों को स्वार्थ रहित शिक्षा देते थे, परंतु आज समय बदल चुका है। ना तो वो ही शिक्षक रहे, ना ही वो पुराने वाले शिष्य ही।

समय की मांग व हालातों का साया आज के शिक्षको के परिवेश पर भी पड़ा है। हर कोई पैसा कमाना चाहता है। अधिक से अधिक पैसा, लोगों में लालच पैदा कर रहा है। आज शिक्षक को अपने स्वार्थ से मतलब रह गया

> आज एक शिक्षक व शिष्य का रिश्ता केवल स्कूल या विधालय तक ही सिमट होकर रह गया है। विधालय में नमस्ते सर, प्रणाम गुरुजी होता है परन्तु विधालय से बाहर आते ही, कौन विधार्थी और कौन शिक्षक?

है विधार्थियों का भविष्य चाहे जाए अंधकार में।

आज शिक्षा

आज के वातावरण में जो बात सबसे अधिक देखने को मिली है, वह है शिष्य और शिक्षक के सम्बंध में एक दिखावा या दिखावटीपन होना।

आज एक शिक्षक व शिष्य का रिश्ता केवल स्कूल या विधालय तक ही सिमट होकर रह गया है। विधालय में नमस्ते सर, प्रणाम गुरूजी होता है परन्तु विधालय से बाहर आते ही, कौन विधार्थी और कौन शिक्षक? आज शिक्षकों को ना वो पहले जैसा सम्मान दिया जाता और ना ही उनका आदर किया जाता। शिक्षक भी स्कूल में पढ़ाने के बजाएँ ट्यूशन पर अधिक ध्यान देते हैं। मुँह मांगी कीमत वसूलते हैं जिससे शिक्षक भी पैसा कमाने की मशीन में शामिल हो गये हैं।

परिवार की सोच

जिसके पास पैसा होता है, सब उसके आगे पीछे घूमते हैं। यही सोच आजकल के अभिभावकों में पनपती जा रही है। आज सभी परिवार यह चाहते हैं कि उनका बच्चा जल्दी से शिक्षा प्राप्त कर नौकरी करनी शुरू कर दें जिससे खूब सारा धन मिले और साथ ही अच्छा जीवन साथी भी। उदाहरण के लिए यहाँ एक बात शेयर करना चाहूगीं....

रमेश के माता पिता ने उसके ना चाहते हुए भी उसे ज़बरदस्ती मैडिकल कोर्स में

एडमिशन दिलाया सिर्फ इसलिए कि कल वह डाक्टर बनेगा और सम्मान के साथ-साथ दहेज भी खूब बटोरा जा सकेगा। परिवार के पास दौलत की कोई कमी नहीं थी परंतु उन्होनें रमेश की रुचि का ध्यान ना रखते हुए रिश्वत देकर उसे मैडिकल में प्रवेश तो दिला दिया परंतु रमेश भविष्य में अच्छा डाक्टर नहीं बन पाया।

दूसरा उदाहरण दीपक का लेते हैं, दीपक परीक्षाओं में कई बार फेल हुआ। पढ़ना नहीं चाहता था पर ज़बरदस्ती उसे पढ़ने को मजबूर किया उसके माता पिता ने। ट्यूशन, अतिरिक्त पैसे देकर उसके नंबर बढ़वाएँ कि भविष्य में पढ़ लिखकर एक अच्छी सरकारी नौकरी मिल जायेगी। रमेश को आजतक रोज़गार नहीं मिल पाया, ना ही वह खुद को इस लायक बना पाया कि कहीं नौकरी ही कर पाए। आज छोटे मोटे काम कर वह अपनी आजीविका चला रहा है।

युवाओं की सोच

आजकल युवाओं की सोच भी पहले जैसी नहीं रही। सबको नौकरियाँ चाहिए। परिश्रम कोई नहीं करना चाहता। आज एक किसान का बेटा किसान नहीं बनना चाहता, वह पढ़ लिखकर नौकरी करना चाहता है। किसान का बेटा यह भी तो सोच सकता है कि यदि वह शिक्षित होगा तो खेती में काफी तकनीकियों के साथ फसल उगा पाएगा और अपने अधिकारो का सही इस्तेमाल भी कर पाएगा।

गांव में रहने वाले बहुत से युवा ऐसे हैं जो शहरों में रहते हैं और गाँवो में नहीं रहना चाहते। कार, बंगला, ऊंची सोसायटी उन्हें अपनी ओर आकर्षित करती रहती है।

जब बात आए शिक्षा की तो भला शिक्षकों को हम कैसे नज़र अंदाज़ कर सकते हैं?

शिक्षक

शब्दों - अक्षरों का ज्ञान कराते,
कभी डाँट कभी गले लगाते।
दीपक की लौ समान जलते रहते,
परिवारों में उजियाला फैलाते।।
शिक्षक, अध्यापक, गुरू कहलाते,
गाँवों और शहरों में ज्ञान फैलाते।
आत्मविश्वास शिक्षक बढ़ाते,
विधार्थियों का जीवन बनाते।।
शिक्षक ही एक मात्र वह इंसान है जो

एक अंजान बालक के मन में शिक्षा के फूल खिलाकर उसके मन की बंजर भूमि को ऊपजाऊ बनाता है। बिना शिक्षक/ गुरू/ अध्यापक के शिक्षा की कल्पना करना भी व्यर्थ है। समाज का पथ प्रदर्शक एक शिक्षक ही होता है जो समाज में रहने वाले प्रत्येक बच्चे का निर्माण करता है। उसे निरन्तर

> बिना शिक्षक/ गुरू/अध्यापक के शिक्षा की कल्पना करना भी व्यर्थ है। समाज का पथ प्रदर्शक एक शिक्षक ही होता है जो समाज में रहने वाले प्रत्येक बच्चे का निर्माण करता है। उसे निरन्तर आगे बढ़ने की ओर अग्रसर करता है।

आगे बढ़ने की ओर अग्रसर करता है।

कबीर दास जी ने

"गुरु गोविंद दोऊ खड़े, काके लागूं पायं। बलिहारी गुरु आपने गोविंद दियो बताएं।।" की अभिव्यक्ति कर शिक्षक, अध्यापक व गुरु को परमात्मा से भी ऊँचा स्थान दिया है।

परंतु आज समय काफी बदल चुका है, अब आवश्यकता है शिक्षा में सुधार की जो सभी युवाओं को एक नई दिशा देने में सहयोग प्रदान कर सकती है।

शिक्षा में सुधार

कुछ बातें हैं जो शिक्षा में सुधार ला सकती हैं और इससे शिक्षा रुचिकर भी हो जाएगी:

1. पढ़ाई के मामले में बच्चों के साथ अभिभावकों को कभी भी मार पिटाई नहीं करनी चाहिए। ना ही उनको यह कहना चाहिए कि "तुम्हें कुछ नहीं आता। "

2. अपने बच्चों की तुलना कभी दूसरों के बच्चों से नहीं करनी चाहिए।

3. अगर बच्चा फेल हो गया है तो उसे डाँटे या मारे नहीं बल्कि स्नेह पूर्वक उसकी परेशानी को समझने की कोशिश करें और शिक्षा के मामले में उसकी सहायता करें।

4. अगर बच्चे का मन पढ़ाई में नहीं लग पा रहा है तो उसे यह ना कहें कि तुम्हारे लिए पढ़ाई ही महत्वपूर्ण है इसके बिना तुम

कुछ भी नहीं कर सकते। पहले यह जानने का प्रयास करें कि क्या कारण है जो बच्चे का मन पढ़ाई में नहीं लग पा रहा है? बहुत से बच्चे केवल इतना पढ़ते हैं जो हिसाब किताब करने में उनकी सहायता कर सकें। माता पिता या अभिभावकों को चाहिए कि ऐसे बच्चों को इस प्रकार की शिक्षा दिलवाई जाए जो उनकी रुचि के अनुसार हो। यदि कोई विधार्थी डाक्टर बनने की बजाय दवाईयो के कोर्स में जाना चाहता है तो उसे जाने दो शायद कल वह इसी क्षेत्र में आगे बढ़कर बहुत कुछ हासिल कर सके।

5. बच्चों को ज़बरदस्ती वो विषय लेने को बाध्य ना करें जो उन्हें पसंद नहीं हैं। गणित, विज्ञान एक ऐसा विषय है जो बिना रूचि बच्चों को अपनी ओर आकर्षित नहीं कर पाता। जब तक बच्चों का मन ना हो उन्हें ये विषय लेने को मजबूर ना करें।

6. इसके अतिरिक्त सरकारी स्कूलों को भी प्राइवेट स्कूलों के समान ही सुंदर व आकर्षक बनाया जाना चाहिए। जिसको देखकर बच्चे उसमें दाखिला लेने को तैयार हो जाएँ।

7. कुछ स्कूलों में शिक्षकों से विधालय के बच्चों का रिजल्ट माँगा जाता है। यदि शिक्षक सौ फीसदी रिजल्ट देने में सफल

नहीं हो पाता तो उसे डाँट लगाई जाती है और चेतावनी दी जाती है कि अगली बार रिजल्ट सौ फीसदी आना चाहिए। कुछ जगहो पर तो शिक्षक को नौकरी से निकालने तक की धमकी दे दी जाती है। ऐसे में शिक्षक डर जाता है और बच्चों की शिक्षा पर ध्यान देने के बजाय, अपने रिजल्ट पर ध्यान देता है। विधार्थियों को फर्जी अंक देता है। क्या करे? वह भी मजबूर है उसको भी अपनी नौकरी बचानी है। ऐसे में यह सुधार करना चाहिए कि शिक्षक को यह छूट मिलें कि वह जिस कक्षा को भी पढ़ाता है उस कक्षा के बच्चों को सबकुछ अच्छी प्रकार से याद हो। विषय का पूरा ज्ञान हो। परीक्षा में वे स्वयं अच्छे अंक लाने का प्रयास करें। बच्चों के अभिभावकों की मीटिंग होनी चाहिए। शिक्षको को केवल यह कह देने मात्र से कि सौ फीसदी परिणाम चाहिए, इससे अच्छा है कि विधार्थियों की शिक्षा पर ध्यान दिया जाए। उनके ज्ञान को बढ़ाने का प्रयास करें, ना कि अंकों का।

8. विधालय में जो विधार्थी पढ़ाई में अच्छे हैं और आगे पढ़ना चाहते हैं परन्तु उनकी आर्थिक स्थिति अच्छी नहीं है उनका हौंसला बढ़ाने हेतु उन्हें फ्री शिक्षा देनी चाहिए। उन्हें स्कूल यूनिफार्म, किताबें व स्टेशनरी का सामना सब मुफ्त देना चाहिए इससे उनके अभिभावकों पर अधिक भार नहीं पड़ेगा और वे खुशी खुशी अपने बच्चों को पढ़ाएंगे।

9. स्कूलों में कभी भी विधार्थियों को यह कहकर ना पढ़ाएँ कि उन्होनें केवल डॉक्टर इंजीनियर या फिर आइएएस आदि ही बनना है। सबसे पहले उनको अच्छा इसान बनने की शिक्षा दी जानी चाहिए। फिर उन्हें यह बताना चाहिए कि शिक्षा का अर्थ केवल इतना ही नहीं कि वह डॉक्टर, इंजीनियर बने बल्कि विधार्थी का अगर किसी भी क्षेत्र में रूझान है तो वह जो चाहता है अपनी इच्छानुसार कोई भी कार्य कर सकता है।

उदाहरण के तौर पर आप देख सकते हैं कि बैंक का मैनेजर भी बैंक में नौकरी कर रहा है और उसी बैंक में एक क्लर्क भी नौकरी कर रहा है।

दोनों अपने अपने कार्य क्षेत्र में निपुण हैं फिर क्या छोटा काम और क्या बड़ा काम? दोनों ही अपने परिवार को भरपेट भोजन दे

पा रहे हैं। अपने अपने परिवार को संभाल रहे हैं।

10. एक महत्वपूर्ण बात जो हम यहाँ कहना चाहेंगे कि विधालयों में किताबी

> परीक्षा में उत्तीर्ण होना या अनुत्तीर्ण होना उसके अंको द्वारा नहीं आंका जाना चाहिए बल्कि विधालय में पूरे वर्ष छात्र-छात्राओं के क्या क्रियाकलाप रहे, उन्होंने कैंपस में रहकर क्या अच्छे काम किए?

पढ़ाई व बार बार रटने को महत्व नहीं दिया जाना चाहिए। रटकर परीक्षा देने से बेहतर है कि विधार्थी ज्ञान के आधार पर परीक्षा दें।

11. किताबी ज्ञान के बजाय विधार्थियों को ऐसी शिक्षा मिलनी चाहिए जो उनके मन से यह भावना निकाल सके कि यह काम छोटा है, मैं क्यूँ करूँ? या यह काम बड़ा है मैं यही करूँगाँ।

काम कोई छोटा या बड़ा नहीं होता, जिनसे हमें दो वक्त का भोजन मिल सके वही काम अच्छा माना जाता है। जो काम ईमानदारी व परिश्रम से किया जाए वही श्रेष्ठ है। कम से कम चोरी करना या लूटमार करने से बेहतर है ईमानदारी के साथ कुछ भी काम करो।

12. परीक्षा में उत्तीर्ण होना या अनुत्तीर्ण होना उसके अंको द्वारा नहीं आंका जाना चाहिए बल्कि विधालय में पूरे वर्ष छात्र-छात्राओं के क्या क्रियाकलाप रहे, उन्होंने कैंपस में रहकर क्या अच्छे काम किए? उनके आधार पर ही अंक दिए जाने चाहिए।

13. पाठ्यक्रम में किताबी ज्ञान के बजाय व्यवहारिक शिक्षा देनी चाहिए। विधार्थियों को यह पता होना चाहिए कि वे जो किताब में पढ़ रहे हैं क्या वह सब सत्य है? रेल, डाक खाना, औजार, जैसे हथौड़ी, पेंचकस, कीलें, पलास आदि को विधार्थियों के हाथ में देकर सामने रखकर पढ़ाना चाहिए। इससे उन्हें सरलता से सब समझ में आ जायेगा। (यह छोटी कक्षाओं के लिए उपयोगी है)

14. सभी प्रांतों, राज्यों व विधालयों में एक ही तरह का पाठ्यक्रम होना चाहिए। विधार्थियों को एक जैसी शिक्षा समान रूप से मिलनी चाहिए। इससे यह लाभ होगा कि यदि बच्चा किसी दूसरे प्रांत में रहने जा चुका है तो उसे शिक्षा प्राप्ति में कोई कठिनाई नहीं आयेगी। उसका पाठ्यक्रम वही रहेगा जो वह पिछले स्थान व स्कूल से पढ़कर आया है।

15. लड़के व लड़कियों के व्यस्क हो जाने के बाद अगर लड़का लड़कियों के साथ या फिर लड़की, लड़कों के साथ स्कूल/कालेज में ना पढ़ना चाहें तो उनको ज़बरदस्ती वहाँ पढ़ने नहीं भेजना चाहिए। कुछ कालेज ऐसे हैं जहाँ केवल लड़के ही पढ़ते हैं और कई कालेज ऐसे हैं जहाँ केवल लड़कियाँ ही जा सकती हैं। परिस्थिति के अनुसार व्यस्क लड़के या लड़कियाँ कालेज में जा सकते हैं।

कई बार ऐसा होता है कि लड़कियों की शिक्षा इसलिए बीच में छूट जाती है क्योंकि माहौल अच्छा ना होने के कारण माता पिता उन्हें आगे लड़को के साथ शिक्षा नहीं दिलवाना चाहते। ऐसे में यही तरीका श्रेष्ठ है कि कालेज अलग कर दिया जाए।

16. लड़कियों के लिए अलग शौचालय का प्रबंध होना चाहिए और उन्हें सैक्स से

सम्बंधित सारी जानकारी समय समय पर मिलती रहनी चाहिए।

17. शिक्षको की रिटायरमैंट की आयु बढा़ देनी चाहिए। यदि कोई शिक्षक शारीरिक रूप से स्वस्थ नहीं है तो उसे आज्ञा दे देनी चिहिए कि वह जा सकता है परन्तु जो अभी विधालय में रहना चाहते हैं उन्हें रहने दिया जाना चाहिए। शिक्षक की इच्छा पर निर्भर होना चाहिए कि वह रिटायर होना चाहे या नहीं। पैंशन अगर तय की गई है तो दोनों ही स्थतियों में समान रुप से दी जानी चाहिए।

18. सरकार को चाहिए कि बार -बार किताबों व पाठ्यक्रम को नहीं बदला जाए इससे शिक्षको व शिष्यों दोनो ही को पढ़ने में व समझने में कठिनाईयां आती है।

19. सरकारी धनराशि का उपयोग माध्यमिक व प्राथमिक शिक्षा पर होना चाहिए।

20. लड़कियों को फालतू किताबी ज्ञान देने की बजाय उनके भविष्य में काम आने वाली बातों पर अधिक ध्यान दिया जाना चाहिए। अगर कोई लड़की गणित नहीं पढ़ना चाहती तो उसे मजबूर नहीं करें कि वह उसे पढ़े बल्कि उसके स्थान पर घर परिवार से सम्बंधित विषय गृहविज्ञान पर ध्यान देना चहिए। याद रहे यह केवल उन लड़कियों के लिए है जो आगे गणित नहीं पढ़ना चाहतीं।

> शिक्षको की रिटायरमैंट की आयु बढा. देनी चाहिए। यदि कोई शिक्षक शारीरिक रूप से स्वस्थ नहीं है तो उसे आज्ञा दे देनी चिहिए कि वह जा सकता है परन्तु जो अभी विधालय में रहना चाहते हैं उन्हें रहने दिया जाना चाहिए।

गृहविज्ञान, फैशन डिजाइनिंग आदि में भी काफी स्कोप है जो लड़कियों के भविष्य को उज्जवल बना सकता है।

21. लड़कियों के लिए एक विषय ऐसा होना चाहिऐ जिसमें उन्हें अपने अधिकारो के बारे में पढ़ाया जाए।

22. आत्मरक्षा हेतु भी एक विषय सभी

विधालयों की लड़कियो के लिए आरंभ किया जाना चाहिए।

23. अशिक्षित स्त्री /पुरूष जो थोड़ी बहुत शिक्षा प्राप्त करना चाहें तो उनके लिए विधालयों या नाइट स्कूलों की व्यवस्था की जानी चाहिए। इसके लिए जो शिक्षक रखें जाएं उन्हें मेहनताना अधिक देना चाहिए क्योंकि वे दिन की बजाय रात में पढ़ा रहे हैं। सैलरी अच्छी होगी तो वे उत्साह के साथ पढ़ाएंगे भी।

24. सबसे महत्वपूर्ण बात विधालयों की फीस निश्चित की जानी चाहिए। आजकल हम देखते हैं कि सब स्कूलों में मनमानी फीस ली जाती हैं। किताबों से लेकर पैन पैंसिल तक के पैसे अभिभावकों से वसूले जाते हैं। ए.सी.लगे कमरों का खर्च भी अभिभावक ही देते हैं। सबकी फीस समान रूप से एक ही होनी चाहिए।

25. गरीब निर्धन परिवारों के बच्चों को नि: शुल्क शिक्षा, यूनीफार्म, जूते आदि दिए जाने चाहिए।

26. शिक्षा रुचिकर हो, उद्देश्यपूर्ण हो और ज़बरदस्ती कोई विषय किसी विधार्थी थोपा ना जाए।

निष्कर्ष

शिक्षा हो उद्देश्य पूर्ण
रोज़गार सभी को मिल जाए।
ना हो मन में कोई ग्लानि,
द्वेष की भावना मिट जाए।

अंत में हम केवल इतना ही कहना चाहेंगे कि बेशक आज हम खुद को आधुनिक समझने लगे हैं परन्तु हमारी नींव आज भी वही है जो हमारे पुरखों की दी हुई है। जिन्होनें अपनी जान की परवाह किए बिना देश को आज़ादी दिलाई थी। उपरोक्त सुझाव बहुत महत्वपूर्ण हैं यदि इनपर ध्यान दिया जाए तो काफी हद तक शिक्षा के क्षेत्र में सुधार किया जा सकता है। सरकार, शिक्षा विभाग के अधिकारी आदि को इस प्रकार के सुझावों पर विचार विमर्श करना चाहिए। हमारा देश आगे बढ़ेगा जब विधार्थियों को किताबी ज्ञान नहीं बल्कि व्यवहारिक शिक्षा दी जायेगी।

नियम बना लो चाहे जितने जब तक शिक्षा में व्यवहारिकता नहीं आयेगी तब तक शिक्षा में सुधार नहीं हो पायेगा और
छात्रों को नई दिशा नहीं मिल पायेगी।

कबंध

✎ कवि – रत्नाकर राउत

किसीने मुझे खींच उठा लिया
माघ महीने की सुबह और कहा,
कमर सीधाकर,
सर सीधा, पैर झाड़, दौड़
ओस भीगे कुछ फूल चुन
पूजाघर में रख, अखबार पर आँख फिरा
रामदेव का आसन-प्राणायाम कर।

फिर कलिंबेल किसने
बजाई बाहर, देख
टेलिफोन बजता बारबार, उठाओ
फरमासियाँ सुनो,
राजा, मंत्री, सेनापति
कटुआल, सौदागर,
गुप्तचर, विदूषक सबका।
फिर बनजाओ एक मोम का पुतला
जो कि तुझ सा हू ब हू
कहीं बैठ जा,

जहाँ भगवान की खटोली सा
आसन है तेरे लिए, अब
तू बैठ, तू जाएगा तो और कोई
आ बैठेगा उस आसन पर,
कुछ न बोल, सुन, सर हिला,
दाँत दिखा किसी
अहंकारी मालिक का
आज्ञाकारी नौकर सा
चाबीवाली गुड़िया सा
और किसी के इसारे से उठ बैठ कर
रोबोट सा चौबीसों काम
फटाफट कर लाओ
और ताकते रहो
कब मिलेगा कौन सा निदेश
हाथ पैर हिलाएगा तो हिला
पर न बजे किसी और के हाथ-पैर में
या पासवाले दीवार
या मेज कुर्सी के धार पर,
या दरवाजे पर।
धीरे, आहिस्ते तान ले
अपने आप को
वरना धक्का खाएगा
किसी अलमारी या

रैक का पैर लग जाएगा
या पिट जाएगा
किसी बॉस के देह से।

शायद कुछ समय के बाद
तेरे हाथ पैर और न होंगे
या पंजेभर माँस
कोई नोच लिया होगा कबसे
तू चौंका न होगा, दिखावा किए
बैठा होगा
(दिखा या न दिखा जरूरत
पड़े तो जबरदस्त)
मुर्दे को नोचते गीदड़,
सकुन, या कुत्ते सा
और कितने छोटे छोटे इतर जीव,
कभी अपने बीच समझौता किए तो
तो कभी आपही में लड़ते खूनी युद्ध
एक दल दूसरे को हराने
नाखून, पंजे, दाँत सब लगाए
नोच लेंगे टुकड़े टुकड़े माँस
कभी सीने से तो कभी जाँघमूल से
और कभी नाभी से तो कभी गाँठ से
तू वैसे ही दिखावे में बैठा होगा

क्योंकि लाचार होगा।

कभी किसीने तेरे सर को
अलग कर दिया होगा धड़ से
अगर होके न होने सा
कोई क्रियाप्रतिक्रिया न हो
स्थिर हो गया होगा,
उसे कभी किसीने
शक्त प्रहार किया होगा
पीछे या आगे से
या हवा का दवाब
चारों ओर से पड़ने सा
दबके पत्थर हो गया होगा
अनेक सख्त दबाव से
दिमाग में प्रतिक्रिया न होगी,
तन पे माँस न होगा
सिर्फ हड्डियों का बोझ,
एक साँचा, स्केलिटाई शरीर
उसके बदन पर कहीं
थोड़ा या टुकड़ा बचा माँस
उसी में कुछ कुछ छूके
हार गया जुआड़ी की
अंतिम इच्छा सी,

गोया शमशान पर लुड़कता
कब से किसीकी परित्यक्त ढोल।

या सर हीन एक जीता बदन
इधर उधर करते हाथ पैर,
बैसी ही नाड़ी में चलता होगा
तेरा जीवन
मृत शरीर में
कई हलचल न होने सा
जीता होगा एक शरीर,
क्रिया प्रतिक्रियाहीन
यहाँ तेरे जैसा एक
जीता जागता इनसान।

फिरभी तुझे देख
कोई दूसरा सोचता होगा
तू खूब सुखी इनसान
और एकदिन
तेरे लिए लिखा जाएगा
इतिहास की कुछ पंक्तियाँ।

🖋 **अनुवाद – डॉ सुनीता देवी**

सूरज

🖋 सुमिता बोस

बरसात के बाद सूरज ज़रूर आएगा
पेड़, पौधो को सुखायगा,
हरी भरी फसल उगाएगा।
ज़िन्दगी के बरसात में मायूस न हो
मुसाफिर
क्योंकि सूरज ज़रूर आएगा,
खुशियाली दिखलाएगा।
बस मज़बूत रख अपना मनोबल
आनेवाला है तेरा सुनहरा कल।

सुमिता बोस एक बहुमुखी लेखिका हैं। उन्होंने गणित, विज्ञान और रहस्य कहानी की कई किताबे लिखी हैं। उन्होंने भारत में पहेली आटिज्म की किताब लिखी है। उनका नाम इंडिया बुक ऑफ़ रिकार्ईस (२०१६) में दर्ज़ किया गया हैं।

समय की गति....

✍ **राजेंद्र कुमार**

समय की धुरी, बड़ी निराली
चलती धीमी धीमी सी
कब अपनो से अलग हो जाए
बात पता नही पूरी सी।।
पास थे कल हम,आज दूर है
समय के आगे, सब मजबूर है
कोई कर ना सके, उपाय भी इसका
समय है राजा, इसकी चलती
इसके उलट सब मजदूर है
पल पल बिता जाएं समय ये
रोकने ने वाला, बहुत दूर है
खंडहर आज है, कल जो महल थे

राजा, रानी, दास टहलते
घूमी जो धुरी समय की ऐसी
वो पड़े कब्र में, अब कहां टहलते?
ये पल दो पल का गाना है
मिलना मिलाना बहाना है
फिर वापस दूर, हमे जाना है
फिर वापस कभी न आना है।।

✍ **कुचामन सिटी, (नागौर) राज**

सुमन मीना

सुमन मीना का जन्म 19 जनवरी 1998 में राजस्थान में हुआ और स्कूली शिक्षा दिल्ली में। इन्हें सब काव्य जगत में अदिति के नाम से जानते है। ये अपने विचारों और भावनाओं के लफ़्ज़ों को कविता का रूप देकर, उन्हें अपनी कलम से पन्नों पर बखूबी उतारती हैं।

कविताएँ

एक पिता

ना कोई अरमां,
ना कोई ख्वाहिश रखता है वो
सिर्फ़ अपने परिवार
और बच्चों के लिए जीता है वो

कभी गिर जाएं, चोट खा जाएं
तो हौसला बढ़ाता है वो
खून पसीना बहाकर
दो वक्त की रोटी कमाता है वो

हर दर्द, हर तकलीफ़
अपने सीने में दबाता है वो
अपना प्यार, गुस्सा और फिक्र
दिल में छुपाता है वो

बच्चों की खातिर अपनी जवानी
बेच देता है वो
संघर्ष करते करते अपनी
एक उम्र गुजार देता है वो

मुश्किल हर समस्या का
सरल समाधान बन जाता है वो
बच्चों के हर शौक,
हर ख्वाहिशों को पूरा करता है वो

मोम-सा हृदय,
फिर भी कठोर चोला
पहनता है वो
सागर से भी गहरे असीम

जज़्बात रखता है वो

अपनी हर खुशी के ऊपर
बच्चों की खुशी रखता है वो
अपने बच्चों के सपनों के
जीवन का द्वार है वो

बच्चों को जीता कर
खुद हार जाता है वो
अपनी हार पर बच्चों की
जीत में मुस्कुराता है वो

शिकन भाव होठों पर
कभी ना आने देता है वो
कड़ी धूप में छांव,
अंधेरे में प्रकाश
बन जाता है वो

उस जन्मदाता को चंद शब्दों में
परिभाषित करना है मुश्किल।

नजफगढ़, दिल्ली

मेंहदी हसन

उपनाम- मेंहदी हसन नाज़

क्या लिखते है- 1980 से गीत, गज़ल, कविता, कहानी, लेख आदि लिख रहे हैं। प्रकाशन- कौमी तंजीम, खातून-ए-मशरिक, देश-विदेश में रचनाएं प्रकाशित, पता- आबरीन साईबर कैफे, मैन रोड भण्डारिडीह, गिरिडीह, झारखण्ड

मेंहदी हसन की रचनाएं

माँ की याद में

✍ मेहंदी हसन नाज

खो गया एक पल के बच्चे की तरह ,

वक्त की भीड़ में एक पल मेरा ,

आज भी वो याद आती है माँ ,

आँसू बह गया आँखो से मेरा ,

मेहंदी हसन नाज

माँ ने समझाई नहीं

ये बात समझ में आइ नहीं

माँ ने समझाइ नहीं

मैं कैसे मीठी बात करूँ

जब मैने चीनी खाई नहीं

ये चाँद कैसा मामू है?

जब माँ का वो भाई नहीं?

ये बात समझ में आइ नहीं

और माँ ने समझाइ नहीं

क्यों लम्बे बाल हैं भालू के?

क्यों उसने डंड कराई नहीं?

क्या वो भी गंदा बच्चा है?

या बस्ती में कोई नाई नहीं?

ये बात समझ में आइ नहीं

और माँ ने समझाइ नहीं

ग़ज़ल

✍ मेहंदी हसन नाज

उसी की चाँदनी अब खिल रही है सीने में
वो मेरा चाँद जो निकला था इस महीने में
फिज़ा में चारों तरफ खुशबूओं के बादल थे
अजब महक थी तेरे जिस्म के पसीने में
हवा का भेस बदलकर उसे तलाश करूँ
वो बागबान जो मेरे साथ था सफीने में

न जाने कौन दीवाना इधर भी आ निकले
सजाई हमने नज़र की सबीर जीने में
हम अपने शहर में कागज के घर बना के रहे
यही है फर्क हमारे तुमहारे जीने में
जमीन बाँझ मैं देखूँ तो ऐसा लगता है
कि जैसे सांप छुपा है किसी दफीने में
ज़रा सा नाज़ को रहमत की भीख मिल जाए
कमी नही मेरे मौला तेरे खजीने में

लाल देवेन्द्र कुमार श्रीवास्तव

ग्राम-कैतहा, पोस्ट-भवानीपुर, जिला-बस्ती
272124 (उत्तर प्रदेश) मोबाइल - 7355309428

कविताएँ

लाल देवेन्द्र की रचनाएँ

कुछ नया करें

🖎 **लाल देवेन्द्र कुमार श्रीवास्तव**

चलो! कुछ नया करके दिखाते हैं,
इस जहां को हम सुंदर बनाते हैं,
लगन और परिश्रम से महकाते हैं,
जो व्यथित और परेशान हैं इंसा।
उनके चेहरे पर मुस्कान लाते हैं।।

धन दौलत का हुआ है अभिमान,
पद व प्रतिष्ठा का हुआ है गुमान,
किसी और की नहीं बने पहचान,
अपने में कुछ यूँ बदलाव लाते हैं।
लोगों को हम अब आगे बढ़ाते हैं।।

जीवन में जो लोग बहुत है निराश,
ख़ुशियों की उनको अब न आस,
उनके जीवन महकाने का प्रयास,
उन्हें उम्मीद की किरणें दिखाते हैं।
उनके पथ प्रदर्शक बन जाते हैं।।

अन्याय व शोषण के जो हैं शिकार,
जो न कर सकते विरोध प्रतिकार।
उनको न मिले हैं, उनके अधिकार,
चलो! उनकी आवाज़ बन जाते हैं,
उन्हें मदद देकर न्याय दिलाते हैं।।

जो अपने को समझते शक्तिमान,
सब मनुज को न माने एक समान,
उन्हें लगे, इस जहाँ में अमर इंसान,
उन्हें श्रृकृति का आईना दिखाते हैं।

राजा से रंक के उदाहरण बताते हैं।।

चलो! कुछ नया करके दिखाते हैं।
इस जहां को हम सुंदर बनाते हैं।।

नारी हम सबकी भाग्यविधाता...

✍ **लाल देवेन्द्र कुमार श्रीवास्तव**

नारी नर को सदैव ही
संबल देती रहती है।
तन मन से नर पर
विश्वास करती रहती है।।

नारी होती सृष्टि का आधार,
सृजन करती वह घर संसार।
माँ बेटी बहन पत्नी किरदार,
नारी करे हर रूप में प्यार।

अपने आँचल से वो,

ख़ुशी बाँटती रहती है।
अपना जीवन, पूर्ण समर्पण
करती रहती है।।

प्रकृति की वरदान है नारी,
हमको देती ख़ुशियाँ सारी।
नारी होती पुरूषों का बल,
नारी जीवन सच में निर्मल।

कितने दुःख सहकर,
हमको शीतल करती है।
सब के तम को स्व प्रकाश से,
रोशन करती है।।

नारी हम सब की जीवन दाता,
वो होती सबकी भाग्यविधाता।
नारी की अब हर जगह उड़ान,
हर क्षेत्र में नारी की पहचान।

बचपन से बच्चों को,
संस्कार सिखाती रहती है।
पहले थी न चाह,
अब नई राह बनाती रहती है।।

नारी को मिले जिस घर में मान,
उस घर की सदैव बढ़े ही शान।
नारी गढ़ रही निज नए प्रतिमान,
हमें करना चाहिए नारी सम्मान।

नारी पर करें विश्वास,
सबमें आस जगाती रहती है।
आँखों में आँसू भरकर भी,
वो हमें हँसाती रहती है।।

सद्कर्म

✍ लाल देवेन्द्र कुमार श्रीवास्तव

हमारे सद्कर्म लोगों के
जेहन में होते यादगार,
हमारे जीवन के दशा
व दिशा में लाता निखार।
हो सकता है कभी हमें,
सफलता न मिल सके,
सतत सद्कर्मों का
अवश्य मिलता पुरस्कार।।

सद्कर्मों से हो सकता,
हम न हो सकें धनवान,
पद प्रतिष्ठा न बहुत बड़ी,
न हो उतनी पहचान।
सद्कर्मों से हमें मिलती है,
संतुष्टि और सुकून,
हमारे लिए यही सबसे बड़ी है
दौलत की खान।।

असत्य के पथ पर चलने से,
जल्द ही होता नाम,
अक्सर ख़ूब प्रगति करें,
जिनका हो गलत काम।
वर्तमान में ऐसे लोगों की होती है,
जय जय कार,
समाज में रुतबे के मालिक बनें,
लोग करें प्रणाम।।

पद पैसा और प्रसिद्धि की,
सब को होती दरकार,
असत पर चल कर ये सब,
पाना होता है बेकार।

पिता

✍ लाल देवेन्द्र कुमार श्रीवास्तव

सत्पथ के अनुगमन से,
मिलती हमें सदैव जीत,
सच के जीवन संघर्ष से,
जीवन में न मिले हार।।

झूठ के ताने बाने का,
आजकल चल रहा व्यापार,
हमें प्रयास करना होगा,
इनसे बचने का व्यवहार।
सदगमन से सुख और संतुष्टि का
मिले अहसास,
सदा अच्छाई पे चलने का,
हम मन में करें विचार।।

हमने अपने पिता को दिया है
यदि मान सम्मान,
भरोसा रखें हमारे बच्चे
हम पर करेंगे अभिमान।
जो हम करते हैं, वह बदले में
प्रतिफलित होता है,
सदैव से यही कहती आई है,
ये दुनिया जहान।।
सच में पिता सभ्यता व संस्कार

के देते हैं ज्ञान,
वो कर्ज़ कभी चुका न सकते,
हम पर एहसान।
बचपन से बड़े होने तक
हमारे लिए सोचते रहे,
हमारे सर पर एक मजबूत छत
के होते समान।।

हम नेक इंसान बनें,
आजीवन करते रहे प्रयास,
पढ़ लिख भविष्य बनेगा,
उन्हें रही सदैव आस।
बड़ा होकर बेटा, पिता का करेगा
दुनिया में नाम,
पिता के स्वप्न पूर्ण करने का,
बेटे पर विश्वास।।

पिता ने हमें जन्म दिया,
उन्हें पहुँचा रहे वृद्धाश्रम,
वही पिता हमें सँवारने में
दिन रात करते हैं श्रम।
कर्ज़ लेकर भी ख़ुश रहते,
हमें पढ़ाने लिखाने में,

वृद्धाश्रम पहुँचा कर,
हमारी आँखें होती न नम।।

मंदिर में हम पूजा करते,
उससे पिता न होते कम,
अशक्त होने पर सेवा करें,
पिता को न होगा ग़म।
माता पिता के चरण हैं,
वास्तव में स्वर्ग के समान,
पिता वृद्ध होने पर होते बदहाल,
हमें न आए रहम।।

सरला सोनी "मीरा कृष्णा"

लेखिका राजस्थान के जोधपुर जिले में वरिष्ठ शिक्षक के पद पर कार्यरत हैं। आपकी 18 साझा संकलन में शिरकत और अनेक पत्र-पत्रिकाओं में प्रकाशित रचनाएँ होती रहती हैं। अब तक कई साहित्यिक संस्थाओं द्वारा दर्जनों पुरस्कारों से सम्मानित किया जा चुका है।

कविताएँ

बड़ी उम्र की औरतें

सरला सोनी "मीरा कृष्णा"

बड़ी उम्र की औरतें
मुहब्बत इसलिए नहीं करती
कि तुम राम बनकर
अहिल्या का उद्धार करोगे
बड़ी उम्र की औरतें
देखती है एक साया
जिसकी छाँव में
वो उतार सके उम्र की थकन
वो ढूँढती है
एक अल्हड़ दोस्त
जिसके साथ...
सड़क पर भींग सके

तुममें कुछ ख़ास है
या तुम्हारी कमसिनी...
लालायित नहीं करती
वो चाहती है...
एक हमसफ़र
जिसकी वो दोस्त
और प्रेमिका भी बन सके
कभी ग़ुरूर आ जाए ख़ुद पर...
तो आईने में देख लेना
परिपक्व ख़ूबसूरती और नादान
सुंदरता में कितना फ़र्क़ होता है
कभी लगे...कि कुछ जीत लिया है तुमने
तो झांकना उसके दिल में
ख़ुद की हार पर

कितना ख़ुश हो रही है वो
ये बड़ी उम्र की औरतें
महज़ एक श्रद्धा की मूरत ढूँढ़ती हैं
जिसके गीत गुनगुनाते...
उम्र गुज़र जाए
बड़ी उम्र की औरतें...
जड़ से गहरी होती हैं
तुम तोड़ने जाओगे...
तो ख़ुद की साँसें गँवा दोगे...
बड़ी उम्र की औरतें...
भावुक प्रेम करती है
मगर...

इसका मतलब ये क़तई नहीं
कि वो समझती नहीं
तुम्हारी नादानियाँ
इन्हें नहीं जीना
अब छलावे की ज़िंदगी...
इसलिए पारदर्शी प्रेम चाहती है
इससे पहले कि
वक़्त उड़ा ले जाए...
इनकी...
बची हुई नादानियाँ
ये बड़ी उम्र की औरतें...चंद लम्हों में
सारी ज़िंदगी जीने की चाहत रखती है...

गिरेन्द्र सिंह भदौरिया "प्राण"

"वृत्तायन" 957 स्कीम नं. 51 इन्दौर-452006
म.प्र., फोन - 9424044284, 6265196070

सूर्य पुत्र

गिरेन्द्र सिंह भदौरिया "प्राण"

सो रहे हो सूर्य के बेटों!
उठो आलस्य त्यागो।
रात के तम तोम की
काली नजर दिनमान पर है।।
एक भी तारा न तो नभ में
दिखाई दे रहा है।
जुगनुओं की भीड़ गुम है चाँद भी
अवसान पर है।।

दीप की बाती तलक हो
राख चुँधियाने लगी है।
बुझ रहे अंगार सारे
दृष्टि घबराने लगी है।।

लुप्त हैं चिनगारियाँ
आलोक नश्वर हो रहा है,
भोर से पहले समय की
बुद्धि चकराने लगी है।।

मेघमालाएँ छटाओं को
निगलतीं आ रहीं हैं।
घोर काली घन घटाओं में
बदलतीं आ रहीं हैं।।
सूर्य की किरणें धरा पर
किस तरह उतरें गगन से,
बदलियाँ उलझी जटाओं सी
उछलतीं आ रहीं हैं।।

शाम तक मैं सोचता था

तुम गहन आक्रोश में हो।
घोर संकट की घड़ी के सामने
तुम होश में हो।
किन्तु यह क्या कर रहे हो
बिस्तरों पर बोझ बनकर,
जागरण के काल में
तुम नींद की आगोश में हो।।

रात की यदि वेदना पर
रवि तरस खा जायेगा तब।
तो अँधेरा शुभ्रता को भी
सरस खा जायेगा तब।
इसलिए जागो मरण से
मुक्त पथ यदि चाहते हो,
क्या करोगे जब जमाने को
तमस खा जायेगा तब।।

इसलिए उट्ठो सँभालो
स्नेह डालो दीप बालो।
ज्योति को जी भर जलाओ
तमस को बाहर निकालो।
ज्ञान के आलोक से
तुम जगमगा दो धरा जग की,

और उजियारों की वाहक
मन मशालों को जला लो।।

बादलों को फोड़ती
वह लालिमा सी छा रही है।
यह प्रभाती एक चिड़िया
घोंसले से गा रही है।।
जाग बेटे जाग पूरी रात
तो हमने बिता दी,
बस तनिक सी देर है
रवि की सवारी आ रही है।।

अशोक पटसारिया 'नादान'

वरिष्ठ साहित्यकार
पता- लिधौरा टीकमगढ मप्र

अशोक की रचनाएँ

तुम तो नादान नहीं

अशोक पटसारिया 'नादान'

मंदिर मस्जिद के झगड़े,
कोइ दीन ईमान नहीं।
मरता है निर्दोष आदमी,
कोइ निदान नहीं।।

जीवन है बहुमूल्य,
और हम सबको प्यारा है।
मरघट है आबाद,
किन्तु कोइ हैरान नहीं।।

फिरकों में बट गया आदमी,
दीन धर्म भूला।
नैतिक मूल्य हुए छूमंतर,
आतम ज्ञान नहीं।।

रोज हादसों का मंजर,
जन जीवन त्रस्त हुआ।
मरने की तैयारी,
जीने का सामान नहीं।।

कर्णधार सत्ता के भूखे,
झूंठे पद लोलुप।
भड़काते उन्माद,
शांति का कोइ विधान नहीं।।

कितने मंदिर बने,
मस्जिदें कितनी बनवाईं।
मिला किसी को राम,
खुदा का नामनिशान नहीं।।

मजहब पंथों में पड़ करके,
पिछड़ गए हैं सब।
हम तो हैं नादान मगर,
तुम तो नादान नहीं।।

दुआओं में इतना असर हो गया है

अशोक पटसारिया 'नादान'

कभी शह मिलेगी,
कभी मात होगी।
कहीं दिन सुहाना,
कहीं रात होगी।।

हरेक शख्श डूबा है, रंजो अलम में।

कहीं पर तो खुशियों की,
बरसात होगी।।

सताए हुए जो,
गमे जिंदगी से।
उन्हीं के लिए,
कोई सौगात होगी।।

चलो अपने मालिक की,
चौखट को चूमें।
जहां जिंदगी से,
मुलाकात होगी।।

मैं बैठूंगा जब उनके,
कदमों में जाकर।
तभी रूह से रूह की,
बात होगी।।

दुआओं में इतना,
असर हो गया है।
मेरे पीर की ही ,
करामात होगी।।

रफ्ता रफ्ता प्यार

अशोक पटसारिया 'नादान'

चलो पीर का पाक,
दामन पकड़ लें।
खिजां में बहारों की,
बारात होगी।।

मेरी दिल की बगिया के,
मालिक तुम्ही हो।
कहीं भेंट तुमसें,
अकस्मात होगी।।

किसी बेसहारे को,
दें गर सहारा।
तो नादान उम्दा,
ये खैरात होगी।।

आहिस्ता आहिस्ता आई,
वह जीवन में।
जगह बना ली पक्की उसने,
मेरे मन में।।

रफ्ता रफ्ता प्यार हुआ कब,
जान ना पाया।
फूल खिल गया कब मेरे जीवन,
उपवन में।।

धीरे धीरे शुरू हुआ फिर,
मिलना जुलना।
आना जाना बढ़ा हमारे घर,
आँगन में।।

कभी तीज़ त्यौहारों पर वो,
मुझे बुलाती।
और कभी हम भी जाते थे,
अल्हड़पन में।।

कभी बगीचों में करते थे,
सैर सपाटे।
कभी कभी बातों में खो जाते,
यौवन में।।

एक दूजे को लगे समझने,
हम अच्छे से।
कभी पहुंच जाते थे अपने,
बालापन में।।
इक अरसा सा हुआ छुपाते,
छिपते मिलना।
बात पहुंच गई फिर अपने,
घरके लोगन में।।

बात बनी आगे भी पहुंची,
शोर हो गया।
हुई सभी से भेंट भलाइ,
अपने पन में।।

बड़ी जांच पड़ताल हुई,
फिर मसला सुल्टा।
हम दोनों नादान बंध गए
इक बन्धन में।।

वैशाली अतुल वाडकर

लेखिका हडपसर पुणे की निवासी हैं। आप एक समाजसेवी और कवयित्री हैं।

कविताएँ

जीवन का आधार हैं बेटियां

वैशाली अतुल वाडकर

जीवन का आधार हैं बेटियां,
क़िसी पुष्प क़ा सार हैं बेटियां,
ममता क़ा भडार हैं बेटियां
वही क़ाली दुर्गा का रूप हैं बेटियां।
हर क्षेत्र में कधें से कधां
मिलाक़र कर चलनें लगीं हैं बेटियां,
लड़को को पीछे छोडकर
सवेरें करनें लगी हैं बेटियां,
अपमान मत क़रना
कभीं बेटियों क़ा दोस्तो,
आसमां की ऊंचाईं को भी
छूने लगी हैं बेटियां।
लेक़िन आज़ भी कई ज़गह
पीछे छूट गई हैं बेटियां,

हैंवान की आग़ से जूझ रही हैं बेटियां,
रावण भी इनसें कही बेंहतर था दोस्तो,
पर अत्याचारो के प्रकोप मे
आज़ भी डूब़ रही हैं बेटियां।
मर्द भी कहते है कि
अकेलीं बेटी महफ़ूज नही हैं यहां,
जिसक्का का क़ारण भी
केवल मर्द ही हैं यहां,
क़ल तेरी, आज़ मेरी,
क़ब तक जिन्दा जलती रहेगी बेटियां,
क़ब तक यहीं गंगा मे डूब़ ख़ुद को
पवित्र क़रती रहेगी बेटियां।
सुनसान सडक पर
क़ब तक चल नही पायेगी बेटियां,
छोटें कपडे पहन
क़ब तक निक़ल नही पायेगी बेटियां,

इन दरिन्दों को ज़ब तक

ज़ला नही पायेगी बेटियाँ,

जीवन मे कभीं

मुस्करा नही पायेगी बेटियाँ।

निर्भया देख़ी, प्रियंका देख़ी,

देख ली मनीषा भीं,

मोमब़त्ती भी ज़ला ली ब़हुत,

बचा ली और पढ़ा़ली बेटिया भी,

हुआ भगवान् को भी

आज़ ब़हुत पछतावा हैं,

कि उसनें इन हैंवानो को

क्यो धरती पर उतारा हैं।

आज़ जरूरत हैं

ख़ुद आगें बढ ज़ाने की,

संस्कारो की और महिलाओ की

इज़्जत नई पीढी को सिख़ाने की,

ताक़ि यह ब़लात्कार,

अत्याचारो का मंज़र

ख़त्म हो भविष्य मे,

चमचमातें रास्तें से बढ कर

बेफ़िक्र घूमें बेटियाँ गलियो में।

हर क्षेत्र में कन्धे से कन्धा मिला़क़र

चलनें लगी हैं बेटियां,

लड़को को पीछे छोडकर

सवेरें करनें लगी हैं बेटियाँ,

अपमान मत क़रना

कभीं बेटियो का दोस्तो,

आसमां की ऊंचाई को भी

छूने लगी हैं बेटियाँ।

लेक़िन आज भी कई ज़गह

पीछे छूट गई हैं बेटियाँ,

हैंवान की आग़ से

जूझ रही हैं बेटियाँ,

रावण भी इनसें कही ब़ेहतर था दोस्तो,

पर अत्याचारो के प्रकोप मे

आज़ भी डूब रही हैं बेटियाँ

गीता सिंह

उत्तर प्रदेश के जिला खुर्जा निवासी लेखिका एक साहित्यकार है।

मैया तू कब आएगी

🖋 **गीता सिंह**

जग से अत्याचार मिटाने,
मैया तू कब आएगी।

राह ताकते भक्त बेचारे ,
कब दर्शन दे पाएगी।

पहली शैलपुत्री कहलायी,
घी के भोग लगाएगी।

आशा करते सब जन तुझसे,
भय को दूर भगाएगी।

दूसरी ब्रह्मचारिणी होगी,
श्वेत धारिणी आएगी।

शक्कर का मैं भोग लगाऊँ,
स्मरण शक्ति बढ़ाएगी।

तीसरी चंद्रघंटा मनभायी,
केसरिया पहन के आएगी।

हृदय रोग से मुक्त करे,
खीर का भोग लगाएगी।

चौथी कूष्मांडा सुखदायी,
प्रकृति देवी कहलाएगी।

मालपुए का भोग लगाऊँ,
रक्त विकार मिटाएगी।

पांचवी देवी स्कंदमाता,
केले का भोग लगाएगी।

कफ रोगों का नाश करे,
जीवन खुशहाल बनाएगी।

छठी बनी कात्यायनी माता,
गेरुए रंग में छाएगी।

कंठ रोग का शमन करे,
वो शहद का भोग लगाएगी।

सातवीं कालरात्रि महामाया,
नीला पहन के आएगी।

गुड़, मेवा का भोग लगाऊँ

मस्तिष्क विकार भागाएगी।

आठवीं महागौरी जग माता,
सब पर प्यार लुटाएगी।

नारियल भेंट करूँ मैं उनको,
वो रक्त शुद्ध कर जाएगी।

नवीं सिद्धिदात्री बन आयी,
तन मन पुष्ट कराएगी।

हलवा-पूरी भोग लगाऊँ,
मनकामना सिद्ध कर जाएगी।

प्रसन्ना झा

माता : श्रीमति रत्ना सिंह
पिता : डॉ० श्रुति धारी सिंह
पति : श्री संगीत कुमार आशीष
संप्रति : लेखन
निवास : विशाखापत्तनम

कविताएँ

प्रसन्ना की रचनाएँ

फासले

✎ **प्रसन्ना झा**

शिकायत उनसे होती है,
जो रहते दिल के कूचों में,
मगर अब हक़ जताने का
ज़माना लद गया समझो,
ठहाकों, आंसुओं के संग
जो सब कुछ बांट लेते थे,
इख़फा की वजह से अब
खड़ी दीवार सी समझो
वो कहते हैं ना,कि दूरी है,
बतलाओ कैसे बांटें ग़म,
महज़ कुछ लफ्ज़ काफ़ी हैं,

समझ क्यूं आए ना उनको,
वो कहते हैं न,कि रौशन हैं
फ़क़त हम ख़ुद के घेरे में,
भला क्या चांद भी चमका
कभी आफ़ताब बिन,सोचो
हमें लगती है ख़ुदगर्ज़ी
जिसे वो प्यार कहते हैं,
अगर ये प्यार है तो फिर
छुपा क्यूं ये ज़रा कह दो,
कभी था नाज़ हमको ये,
कि हैं हमदर्द हम शायद,
मगर ये भूल थी अपनी,
यही समझा रहे ख़ुद को
चलो अब बस किया मैने,
जहां हो शाद रहना तुम,

तेरा मोहसिन,मेरा मौला,
रखे आबाद अब तुमको,
कभी जो याद आएं हम,
तो बस मुस्का ज़रा देना,
हमें भी सब्र होगा हो जाए
कि अब भी याद हैं तुमको!

अपेक्षा

🖋 **प्रसन्ना झा**

पंत,गुप्त,दिनकर, हरि बच्चन
महादेवी की भूमि है जो,
उस धरती के लालों मां को
ऐसे रुला रहे हो क्यूं?

हिंद भूमि के उत्तरार्द्ध में,
था जिसका वर्चस्व रहा,
जिसकी गरिमा से आलोकित
नूतन विश्व समाज रहा,
उस भाषा की सुंदरता को,
ऐसे भुला रहे हो क्यूं।

इस धरती के लालों,मां को
ऐसे रुला रहे हो क्यूं...

हिन्दी,जिसकी बिन्दी ही
हम हिंदों की पहचान बनी,
भारत में अनगिन भाषाएं,
पर हिन्दी सम्मान बनी
ऐसे गौरव पर अंग्रेज़ी
मिट्टी चढ़ा रहे हो क्यों,
इस धरती के लालों,मां को
ऐसे रुला रहे हो क्यूं...

ओस बूंद सा बचपन अपना
हिन्दी से आबाद रहा,
रोचक किस्सों,परी कथाओं,
कविताओं से शाद रहा,
अपनी अगली नस्ल को इससे,
वंचित करा रहे हो क्यों,
इस धरती के लालों,मां को,
ऐसे रुला रहे हो क्यूं।

अपनी थाती,अपनी भाषा,
से सिंचित हो किसलय दल,

रहा उपेक्षित बहुत दिनो तक,
हो उज्ज्वल हिन्दी का कल,
अनुशासित हो,संयोजित हो,
प्रखर भानु की ज्योती ज्यों,
इस धरती के लालों,मां को,
दो सम्मान हृदय से तुम।

छाता

✍ प्रसन्ना झा

पांच बच्चों का आंगन, एक टूटी सी छत,
रहते थे इसमें,शिक्षक ब्रह्मदत्त,
प्रति दिन ओसारे में, बांटते थे ज्ञान,
एक दिन कहीं से मिला, छाता एक दान,
पुलकित हुए बच्चे, प्रसन्न हुई मां,
लेकिन ब्रह्मदत्त थोड़े उलझे वहां,
सीधा धरा छाता, बना प्रश्न चिन्ह,
साधारण सा रूप पर क्षमताएं विभिन्न,
पूछा फिर बच्चों से, अब बोलो विचार,
क्या देखा छाते में, जो हो गए निहाल,
सहज सुलभ बच्चों ने खोजा जवाब,

बाबा,ये छाता है बड़ा लाजवाब,
अब न डरेंगे हम वर्षा या धूप से,
रक्षा करेगा ये भय के हर रूप से,
बच्चों की माता अब सुन कर मुस्काईं,
दुलराया पांचों को, बैठ के समझाई,
बच्चों ये छाता तुम्हारी साझी छत है,
जो घर के बाहर तुम्हें समेटने में रत है,
बिखरो कभी ना, संग रहो हरदम,
कर्म करो उच्च, भले संसाधन हो कम,
समेकन, आश्वासन, संरक्षण है ध्येय,
छाता है पिता सा, संकल्पित, श्रद्धेय!

रमा त्यागी 'एकाकी'

आप एक वरिष्ठ कवयित्री एवं साहित्यकार हैं।
आपकी दो पुस्तकें प्रकाशित हो चुकीं हैं।

कविताएँ

रमा त्यागी की रचनाएँ

ग़ज़ल

✍ रमा त्यागी 'एकाकी'

मेरी आदत सी बन गये हो तुम।
एक राहत सी बन गये हो तुम।
हर समय तेरा ख्याल रहता है।
मेरी चाहत सी बन गये हो तुम।
मेरे हर दर्द की दवा हो तुम
एक राहत सी बन गये हो तुम।
तुम्हें देखे बिना करार नहीं
मेरी हसरत सी बन गये हो तुम
तेरी यादों में जी रहे हैं हम
मेरी वहशत सी बन गए हो तुम।

नववर्ष

✍ रमा त्यागी 'एकाकी'

एक जनवरी का मुझे नहीं है कोई हर्ष।
यह नहीं है हम भारतीयों का नव वर्ष।
जब चैत्र मास आ जायेगा
कोहरा भी छंट -छंट जायेगा।
जब पीली सरसों फूलेगी
गेंहू की बाली झूलेगी.।
जब पंछी गगन में आएंगे
बच्चें झूम झूम कर गाएंगे।
ज़ब फूलों की डाली झूमेंगी
तितली फूलों पर डोलेंगी।

जब शीत ऋतु विदा हो जायेगी
बसंती बयार मादक हो जाएगी।
ज़ब टेसू के रंग घोलेंगे
और फागुन में रंग खेलेंगे।
ज़ब फसले घर आ जायेंगी

अन्नपूर्णा मगन मुस्काएंगी।
जब नवरात्रि का प्रथम दिवस आयेगा
तब ही वह शुभ दिन भी आयेगा ।
जब देवी पूजन सबको देगा हर्ष
तब हम सब मनाएंगे नव वर्ष।

ग़ज़ल

✍ **देव कुमार सादाबादी**

न तुम आईं न तुम्हारा पैगाम आया है।
एक मेरा गम ही था जो मेरे काम आया है।
बहुत चाहा कि तुम्हें भुला दूं,
तुम्हारी हर एक याद को
दिल से मिटा दूं,
बात - बात पर आंसू गिरने लगे,
जब हर लफ्ज़ पर तुम्हारा नाम आया है।
कभी सुबह तो कभी शाम आया है ।
जानता हूं इसमें तुम्हारी कोई खता नहीं,
न रास्ता है और मंजिल का पता नहीं ।
मैं दीवाना हूं तुम्हारा, मोहब्बत का

किस्सा सरेआम आया है
तुमने कहां चाहा कि हम संग रहें,
बस इतना कि मेरी दुनिया बेरंग रहे ,
मोहब्बत में तुम्हारी चाह निराली है,
अपने अक्स में झांक कर देखो, तुमसे
किसीने वफा निभाली है ।
तुम्हें नफ़रत थी मेरे नाम से,
तुम्हें ढूंढता ढूंढता, तुम्हारे दर पर
कोई बेनाम आया है ।
पहचान सको तो पहचान लो,
तुम्हारी चौखट पर कोई
गुमनाम आया है।

✉ **मौहल्ला चावड़ वाला सादाबाद**
हाथरस उत्तर प्रदेश 281386

मुकेश कुमार पांडेय

शिक्षा:- एम ए हिंदी साहित्य, एम ए अंग्रेजी साहित्य, एम डी एस ई ए पी एस रीवा। रचना संग्रह- शहीदे वतन, सरहदे हिन्द, सतजती हाला, राम रसायन, हे शबरी के राम सुनो, अनामिका, (साझा संग्रह) दो टूक जिंदगी(साझा संग्रह) क्षितिज के पार (अन्तर्राष्ट्रीय स्तर) संपादन कार्य आदि

कविताएँ

मुकेश पांडेय की रचनाएँ

प्रेम

मुकेश कुमार पांडेय

कोई समझे न हमको ये क्या हो गया
दिल को जाने न कोई ये क्या हो गया

रात आती रही, दिन गुजरते रहे
पल जिये धड़कनों के ठहरते रहे

ख्वाब में, आके जाने, कहाँ, चल दिये
छोंड़कर यूँ तड़पते, कहाँ चल दिये

चाहतों की सजा खूब क्या दे गया।

रात भर, नींद में, जागता रह गया।
एक तुमको को ही दिल मांगता रह गया।

याद में जीते मरते रहे तेरे हम
रात भर पर जलाते, रहे तेरे हम

ग़म सुलगते हुये शोलो पर सो गये
जागे यादों को सिरहाने कर सो गये

लाख चाहा भुलाना नही भूले हम
तुम में दिल को न जाने ये क्या भा गया

कोई समझे न हमको ये क्या हो गया
पांदिल को जाने न कोई ये क्या हो गया

जीवन

✍ मुकेश कुमार पांडेय

हर सुबह को शाम की
मेहबूब होना चाहिए
हर किसी पत्थर में
उगती दूब होना चाहिए
कल किसे मालूम
क्या हो पैर कंधों पर चलें
अलविदा तो चाँदनी में
डूब होना चाहिए
फूल कह दो तो
खिले शूल भी शेहरा सिलें,
पर जमीं को भी
महकता खूब होना चाहिए।
आज हर सपना
हक़ीक़त के लिबासों में रहे,
शर्त इतनी है ज़हन में
कूब होना चाहिए।
तन रहे दरिया से बहता मन
गरल सागर पिये, इस कदर हम यार
ज़लसे खूब होना चाहिए।

दीपोत्सव

✍ सनुक लाल यादव

रोज बोल मीठे बोल,
हर शब्द तोल मोल।
प्रेम भाव तो जगाइए,
स्नेह भाव साजकर।
हर हिय में राज कर,
रोज दीपोत्सव मनाइए।
आकाश सा ऊंचा मन,
चंद्रमा सा शीतल जीवन।
संतप्त कर हिय को,
औरों को शीतल बनाइए।
जीवन हो समरस,
पीड़ित ना हो कोई बस।
इतनी सी बात को ,
हमेशा ध्यान में बसाइए।
रोज बोल मीठे बोल,
हर शब्द तोल मोल।
प्रेम भाव तो जगाइए,
स्नेह भाव साजकर।
हर हिय में राज कर,
रोज दीपोत्सव मनाइए।

✍ 202/A आर्ष कुंज, डोंगरिया,
बिरसा, बालाघाट (म.प्र.)
मोबाइल 9424615741

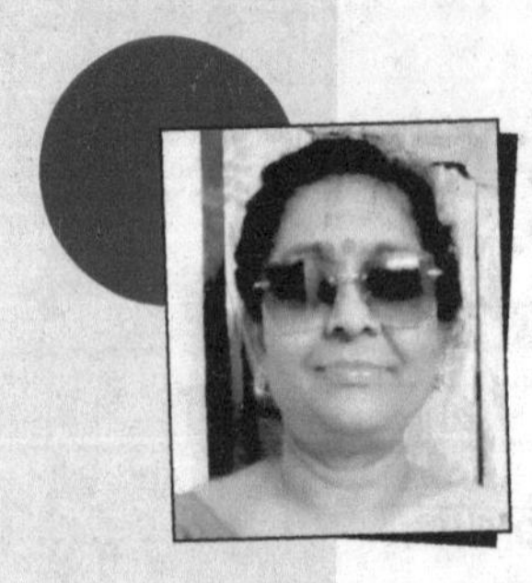

हिमाद्रि मिश्र ' हिम '

लेखिका एक शिक्षिका हैं और वर्तमान में हावड़ा (पश्चिमी बंगाल) में निवासरत हैं।

धरणि तरुणि

🖋 **हिमाद्रि मिश्र 'हिम'**

धरणि_तरुणि

धरणि - तरुणि कए श्रृंगार
रुप मधुर साजिके
बिहँसि - बिहँसि लता कुँज

कुसुम पुँज हाँसिके
धरणि तरुणि कए श्रृंगार
रुप मधुर साजिके

सबुज बसन तृषित नयन
कमल वेणि डारिके
सुकंठ हार पारिजात
कटिबंध 'कटि बाँधिके
धरणि तरुणि कए श्रृंगार

रुप मधुर साजिके
मुखचंद्र डोलए अलक
मधुप मतंग गायके

चंचल सुनयन दोऊ
नाचए हाँसि - हाँसि के
धरणि तरुणि कए श्रृंगार
रुप मधुर साजिके

सखियन संग मिली जुलि
'हिम' गीत मधुर गायके
शरद ऋतु शरद चंद्र

अमिय बरसाय के
धरणि तरुणि कए श्रृंगार
रुप मधुर साजिके

अनिल कुमार

ऐमापैगाम्बरपुर बिरुहुनी औरैया
9140659802

प्रेरणा गीत

✎ **अनिल कुमार**

जीवन की आशाओं को तुम,,
यों मरने मत देना ।
नए साल का नया है सूरज
यों ढलने मत देना ।।
हस्त लकीरें भाग्य भरोसे,
जीवन को तुम मत खोना ।
कल का सूरज नया सवेरा,
व्यर्थ नहीं इसको ढोना ।।
नूतन किरणें नव सपनों की,
व्यर्थ चमक तुम मत खोना ।
दुर्गम राहों के ओ राही,
पथिक बने तुम चलते रहना ।।
जीवन की आशाओं को
तुम, यों मरने मत देना ।

नए साल का नया है सूरज,
यों ढलने मत देना ।।
सपने जो साकार करें,
वह लगन हृदय में पाले रहना ।
अंत निशा का हो जीवन से,
ऐसा दिया जलाए रखना ।।
हो सवार तुम समय की रथ पर,
यों राहों को थका न देना ।
जीवन अनुभव के क्षितिज पटल पर,
कर्तव्य मार्ग को भुला न देना ।।
जीवन की आशाओं को तुम,
यों मरने मत देना ।
नए साल का नया है सूरज,
यों ढलने मत देना ।।
कुछ नई कोपल हैं खिलने वाली,
तुम उनको यों मिटा न देना ।

आशाओं के बीज अंकुरित,
मन उपवन को सुखा न देना ।।
चंचल चपल चमकने वाली,
उम्मीद की अगन बुझा न देना ।
कल का सूरज द्वार खड़ा है,
यों शैय्या शयन किए मत रहना ।।
जीवन की आशाओं को तुम,
यों मरने मत देना ।
नए साल का नया है सूरज,
यों ढलने मत देना ।।
शस्त्र त्याग अवसरता के तुम,
ठहरी राह खड़े मत रहना ।
हृदय भरा विश्वास विजय से,
लक्ष्य विजय को डिगा न देना ।।
नए अवसर की आशाओं को,
तुम यों मरने मत देना ।
आब लिए कल के सूरज की,
केवल ख्वाब बुने मत रहना ।।
जीवन की आशाओं को तुम,
यों मरने मत देना ।
नए साल का नया है सूरज,
यों ढलने मत देना ।।
सोना तपकर खरा हुआ है,
ऐसी जलन बनाए रखना ।
जीवन की चट्टानों पर,
मेहनत की सेज सजाए रखना ।।
पथिक धर्म को अपनाकर तुम,
पथ को अविचल मत करना ।
जीवन लक्ष्यों को पाने तक,
विश्राम कभी तुम मत करना ।।
जीवन की आशाओं को तुम,
यों मरने मत देना ।
नए साल का नया है सूरज,
यों ढलने मत देना ।।

आभा चौहान "आभ"

पत्नी कमलेश कुमार चौहान
पता ए-10 दीपभूमि रेसिडेंसी -1, चांदखेड़ा ,अहमदाबाद
राज्य -गुजरात - 382424
मोबाइल - 9727776523

कविताएँ

आभा की रचनाएँ

अगर तुम ना मिले

✎ **आभा चौहान "आभ"**

अगर तुम न मिले, होगा कौन हमारा,
तुम्हारे बिन, बनेगा कौन सहारा 1

दिन तुमसे शुरू, शुरू तुमसे रात हमारी,
नाराजगी भी, लगती तुम्हारी प्यारी।
अब प्यार में तुम्हारे पड़ गया दिल बेचारा,
अगर तुम न मिले, होगा कौन हमारा__।

बाते छोटी-बड़ी तुम्हारी ,दिल को है लुभाती,
जुदाई एक पल की मेरे दिल को है तड़पाती।

बस है ये दुआ छुटे साथ न हमारा,
अगर तुम ना मिलें, होगा कौन हमारा---।

करता है मन तुम्हे ही देखा कर दिन भर,
सपनों में भी मेरे तुम ही आती हो अकसर।
क्या कहता है दिल, समझो थोड़ा तो इशारा,
अगर तुम ना मिलें, होगा कौन हमारा---।

आकर अब तो समाज जाओ मेरी बाहों में
बिछा दूंगा फूल, ए सनम तेरी राहों में।
रस्ता देख रहा हूँ कब से मैं तुम्हारा ,
अगर तुम ना मिलें, होगा कौन हमारा---।

मेरे प्रभु श्री राम

✑ **आभा चौहान "आभ"**

मर्यादा का है उदाहरण,
मेरे प्रभु श्री राम जी।
नाम अगर इनका जप लो तो,
पूर्ण हो सब काम जी।

गुरु के आश्रम में जाकर,
सच्ची शिक्षा उन्होंने पाई।

बचपन की मित्रता देखो,
पूरे जीवन है निभाई।

गुरु आज्ञा को भगवन पाकर,
लक्ष्मण संग में चली वो लेकर।
राक्षसी ताड़का मार गिराई,
स्वयंवर जीत कर सीता पाई।

पिता का वचन पूरा करने को,
चौदह वर्ष गए हो वन को।
देह छोड़कर पिता चले गए,

बिना पिता के रघुवर रह गए।
सोन मृग एक वन में आया,
सीता मां का मन ललचाया।
पीछा करने गए जो रघुवर,
रावण ले गया सीता हरकर।।

कुटिया में सीता ना पाकर,
दुखी हो गए रघुवर।
सीते-सीते कह के भगवन,
प्रिय को ढूंढे देखो वन-वन।

मिले जटायु राज बताया,
लंका का रास्ता दिखलाया।
सीता की खोज में निकले,
मित्र हनुमत जैसे मिले।

सागर पार गए हनुमंता
भस्म करी सोने की लंका।
मां सीता का पता लगाया
प्रभु संदेश उन तक पहुंचाया।

सागर पर पुल को बनवाया,
विभीषण को भी मित्र बनाया।

लंका पर प्रभु ने की चढ़ाई,
मार के रावण सीता पाई।

पुष्पक विमान में बैठ रघुवर,
अवध में पहुंचे वह अपने घर।
खुशी से देखो सब हर्षाए,
सब ने घर पर दिए लगाएं।

रामराज्य वहां किया स्थापित,
सबका हृदय हुआ बहु हर्षित।।
मिलकर बोलो जयश्री राम,
पूर्ण होंगे सबके काम।

तेरी याद

आभा चौहान "आभ"

मैं खोया सा रहता हूं
मैं डूबा सा रहता हूं
तेरी यादों को अपने दिल में
मैं संजोया करता हूं।

आंखें खोलने पर सामने
आती है तू नजर।
बंद करके रहता हूं मैं अपनी
आंखों को अक्सर।

तू वापस आएगी एक दिन
मैं अपने दिल से कहता हूं।
तेरी यादों को अपने दिल में
मैं संजोया करता हूं।

चौराहे पर एक दिन मुझको
छोड़ गई थी तू।
जिंदगी भूल कर अपने नाम मै
मौत को कर लूं।

याद करके तुझे दिन रात
अश्क बहाया करता हूं।
तेरी यादों को अपने दिल में
मैं संजोया करता हूं।

मुझसे दूर चली गई तू
हुई ऐसी क्या खता?
मेरे मरने से पहले तू

एक बार तो बता।

तेरा नाम लेकर जिंदगी
कुर्बान करता हूं।
तेरी यादों को साथ लेकर
मैं मरता हूं।

याद आएगी मेरी तुझे
मैं तुझसे कहता हूं।
तेरी यादों को अपने दिल में मैं
संजोए रहता हूं।

संतोष कुमार अठ्या

लेखक का जन्म 2 अप्रैल 1970 को ग्राम-बकायन, जिला-दमोह, मध्य प्रदेश में हुआ। वर्तमान में शासकीय प्राथमिक शाला, एरोरा, दमोह, में अभिरुचि-हिंदी बाल साहित्य एवं भारतीय शास्त्रीय संगीत में सहायक-शिक्षक के रूप में कार्यरत है।

कविता

ये गीली माटी के लौंदे

ये गीली माटी के लौंदे,
साँचे में ढल जाएंगे,
साँचा इनका साँचा हो तो,
गीत प्यार के गाएंगे।

मनमंदिर की प्यारी मूरत
देखो इनकी भोली सूरत,
शिक्षा की है इन्हें जरूरत।
नवभारत यहीं बनाएंगे,
जग में उजियारा लाएंगे।

ये गीली माटी के लौंदे
साँचे में ढल जाएंगे,
साँचा इनका साँचा हो तो,
गीत प्यार के गाएंगे।

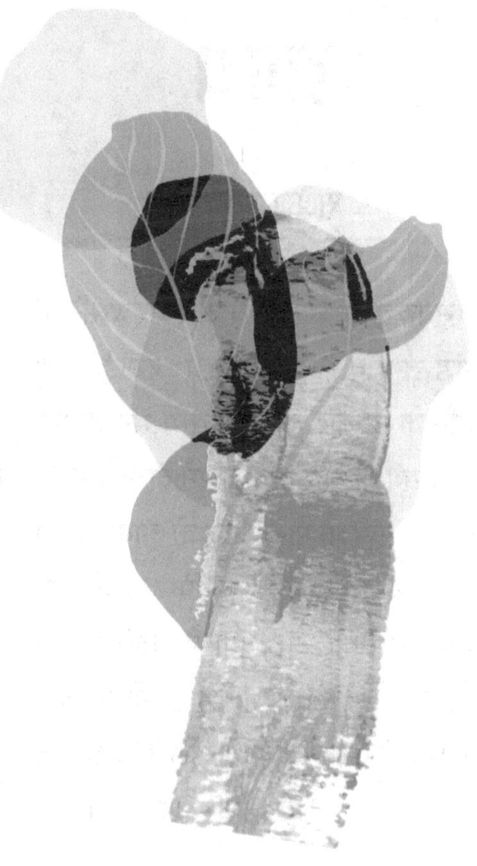

सुप्रिया पाठक "रानू"

लेखिका 'उड़ान' के संपादन मंडल में अवैतनिक संपादकीय सदस्य हैं। आपने अब तक कई साझा संकलनों का सफल संपादन किया है। आपके संपादन कार्य को सह रचनाकारों एवं पाठकों द्वारा काफी सराहना मिली है।

रानू की लघुकथाएँ

क्रोध

🖋 **सुप्रिया पाठक "रानू"**

सुबह के 9 बज रहे थे और घर बासी , न झाड़ू लगा था ,और न पोंछा। रसोई में भी बर्तन के अम्बार लगे थे।कुसुम मन ही मन खीझ रही थी और काम करने वाली बाई की राह देख रही थी मानो आज वो आयी तो ....।

आधा घंटा और बिता फिर उसके मन में कितने सवाल उठे क्या मैं इतनी मजबूर हूँ इतने बर्तन न धुल पाऊँगी , क्यों मैं पूर्णतः आश्रित हो गयी हूँ बाई पर, इससे पहले ,सब कुछ तो किया है मैने फिर आज क्यों हाथ बांधे इंतजार कर रही हूँ.. आदि आदि।

और न जाने कितने ख़्याल और इसी उधेड़बुन में बच्चे को बिस्तर पर छोड़ कुसुम रसोई में दौड़ी। धड़ाधड़ सारे बरतन धो डाले। अब झाड़ू लेकर कमरों की सफाई में लग गयी,अभी एक कमरा ही हुआ था कि10 बजे काम वाली बाई आ गयी। कुसुम ने कोई प्रतिक्रिया नहीं दिया। चुपचाप अपना काम करती रही । बाई को तो काटो तो खून नहीं। और घरों में तो देर हो जाये तो डाँट की पूरी डोज़ मिलती है यहाँ तो दृश्य ही अलग था। कान पकड़ कर उसने माफी मांगी।

"दीदी मैं कर रही हूँ, कल से देरी नही होगी...।"

कुसुम का मुन्ना भाई का आइडिया

गाँधीगिरी अपनाना पूर्णतया सफल रहा।

(लेकिन कुसुम चुपचाप काम करती रही और बाई एकटक देखती रही ।)

अंतर

✑ **सुप्रिया पाठक "रानू"**

समाज अब बहुत आगे बढ़ चुका है,बहुत सारी कुरीतियों से मुक्त हो चुका है। बहुत सारे विभेदों को पाट चुका है, नही पाट पाया तो एक स्त्री और पुरुष का अंतर।

प्राकृतिक रूप से देखें तो यह विभेद ही इन दोनों स्वरूपों का अस्तित्व है, लेकिन समाज बंटता रहा कभी मातृसत्तात्मक तो पितृसत्तात्मक पक्षों में।

सूरज की पत्नी दर्द से कराह रही थी, 9 महीने के इंतज़ार के बाद आज फैसला......,

बाहर सबके चेहरे एक दूसरे को देखते हुए एक डर छुपाये लड़का या .....

दुनिया चाँद पर पहुंच जाएं पर यह समय न बदल सकता।

इसी उहापोह के बीच एक मीठी सी किलकारी की आवाज़ आयी,यह आश्वस्त तो हो गए सब बच्चा ठीक है, अब बस दरवाजा खुले और खबर मिल जाये कि.... आखिरकार आशा आयी और बताया लक्ष्मी आयी हैं,

मैं कहती हूँ लक्ष्मी ही क्यों हर बार ...काली सरस्वती और दुर्गा भी तो हो सकती हैं।

सूरज का चेहरा जैसे स्वीकार लिया मैने यह जिम्मा भी जल्द ही दूसरा प्रयास ..... कुलदीपक के लिए परिवार के सदस्यों की सहानुभूति भरी नज़र सूरज रेस में हारे हो

पर अगली बार सफल होना। फिर लक्ष्मी का पीठ पूजा जाएगा भी ले आएगी।।

पूजिये लड़कियों को बस सुरक्षित मत रखिये।।

सच्चा प्रेम

✎ सुप्रिया पाठक "रानू"

मन ही मन बड़बड़ा रही थी सरिता, यह कौन सा प्रेम है।

सुरेश की यही आदत मुझे अच्छी न लगती है, सांच को आंच क्या! अगर मैं सही हूँ उनकी नज़र में तो वो सबके सामने स्वीकार कर सकते हैं, और गलत हूँ तब भी।

पता नही क्यों झूठ से मन झुंझला उठता है। कमरे में मेरे सामने कहना कि तुम अच्छी हो, और बाकी परिवार में किसी के आक्षेप का कोई उत्तर न देना अक्सर विडंबना में डाल देता है कि मेरे और सुरेश के बीच प्रेम और विश्वास है भी की नही।

मन ही मन सोचती बड़बड़ाती सरिता अपना काम समेटती रही। दिन गुजरते रहे, इस बात की टोह के लिए उसने कोई प्रयास न किया।

घर गृहस्थी ऐसी ही होती है शायद औरतें मन ही मन ......

हॉल में शोर सुनकर दरवाजे तक आयी सरिता, अचानक ससुर जी की आवाज़ मैं आजतक सरिता की गलतियां देखता आ रहा पूरे परिवार में उसकी वजह से ही कलह है, सरिता के पैरों तले मानो जमीन नही ...

काठ की तरह खड़ी रही दरवाजे से लगकर कि अचानक सुरेश की तेज आवाज ने तंद्रा तोड़ी, सुरेश कह रहा था ठीक है पिताजी, सरिता इतनी ही गलत है तो मैं और सरिता घर छोड़कर चले जाते हैं ।

उसके बाद पिताजी बौखला कर बाहर निकल गए, सरिता चुपचाप अपना काम करती रही और सुरेश सरिता के बीच कोई बात नही हुई उस दिन, न ही आने वाले दिनों में सरिता ने ही कभी शिकायत की कि आप मेरा साथ नही देते।

भरम का समय पर टूट जाना ही उसे गलत दिशा में जाने से रोक सकता है।